CRI DE DIEU
ESPOIR DES PAUVRES

Paul-André Giguère
Jean Martucci
André Myre

Pour la Société catholique de la Bible

‌

Éditions Paulines & Apostolat des Éditions

Maquette de la couverture : *Jean-Denis Fleury.*

No 200-27

ISBN-0-88840-621-5

Dépôt légal — 4e trimestre 1977
Bibliothèque nationale du Québec
Bibliothèque nationale du Canada

© 1977 Éditions Paulines
3965 est, boul. Henri-Bourassa
Montréal, Qué., H1H 1L1

Apostolat des Éditions
48, rue du Four
75006 Paris

La barrière

« *Entre vous et nous a été fixé un grand abîme, pour que ceux qui voudraient passer d'ici chez vous ne le puissent, et qu'on ne traverse pas non plus de là-bas chez nous* ». *Lc16, 26.*

Je ne m'étais jamais arrêté sur ce passage de la parabole de Lazare. Abraham dit au mauvais riche qu'entre lui et Lazare il y a désormais un fossé infranchissable. Dans l'au-delà, la barrière érigée sur terre devient insurmontable. Pas même Abraham ne peut la franchir. Serait-ce le fameux péché irrémissible ? Laissons l'Esprit en décider lui-même puisqu'il n'a pas précisé la faute exacte. Mais je ne puis résister à suggérer ici ce rapprochement dramatique. Il ne s'agit même plus du trou de l'aiguille ; « l'emmurement » est total.

Certaines espérances faciles des derniers temps sont peut-être aussi suspectes que les consolations symboliques des vieilles rhétoriques chrétiennes sur la pauvreté. Le drame pascal de Jésus nous invite à plus de profondeur et de vérité. S'il est allé aussi loin, c'est que l'enjeu pointé est d'une gravité exceptionnelle. Cette parabole nous en convainc. Mais on peut la tenir à distance d'une vague inquiétude qui n'engage à rien.

Ce fossé dans l'au-delà n'est pas une pure métaphore, simple figure de style. Ce que les esprits religieux ont de facilité pour s'en tenir au pur symbolisme ! Surtout quand il y va de la communauté, de la solidarité. Le « nous » promu par les Evangiles se situe d'abord dans la cité réelle. Un peu comme s'il était le « nous » premier et dernier devant Dieu. Sans lui, le « nous » sacramentel entre chrétiens devient contradiction et péché. La parabole est pourtant très explicite :

Les barrières qui séparent les hommes dans la cité deviennent des abîmes qu'Abraham ne peut même pas franchir. *Sauf, sans doute, le Dieu des miséricordes. Les spirituels comme les évangélistes nous avertissent de ne pas abuser Dieu en ce domaine. Un coeur fermé sera enclin à ne pas croire à la pitié de Dieu. Et nous voilà renvoyés encore au tragique fossé de la parabole et aux barrières terrestres qui le préparent.*

Plus que le refus de partager le pain, la barrière érigée entre le riche et Lazare, signifie le drame central. On peut donner du pain, sans partager vraiment, sans établir une relation humaine, sans changer des rapports sociaux injustes, sans remettre en cause la dialectique dépendance-domination, sans établir une authentique fraternité. *L'égalité foncière des hommes devant Dieu en Jésus-Christ est ici radicalement contredite.*

Le mauvais riche s'arrange pour ne pas voir Lazare. La pauvreté anonyme quoi! Comme nous, ce riche typifié n'a peut-être pas nié la nécessité d'aider les pauvres. Il a pu envoyer des sommes importantes au temple afin que l'institution s'occupe des canards boîteux. Mais comme nous, il a trouvé indécente et gênante, la présence physique et sociale de la pauvreté dans son environnement quotidien. Une version anticipée de nos attitudes modernes : « Que le gouvernement s'en occupe! »

Nous nous scandalisons des raffinements cruels de l'apartheid en Afrique du Sud. Les blancs de là-bas n'ont même pas le droit de pénétrer dans les banlieues pauvres «réservées» aux noirs. Ce gouvernement raciste a établi la barrière à pareille hauteur! Avec la complicité tacite des blancs. Nous faisons la gorge froide devant cette attitude politique criminelle. Voyons nos propres comportements du même type.

Une des grandes stratégies de l'urbanisme actuel est de confier aux regroupements de citoyens le contrôle de leur habitat. Il semble qu'aucune loi gouvernementale, qu'aucune force policière n'aient autant de force dissuasive que certains «nous» égoïstes et auto-protecteurs. Les zonages résidentiels établis par les citoyens nantis sont de plus en plus sélectifs, exclusifs, pour ne pas dire brutaux. Zonages on ne peut plus efficaces. Des agents

6

d'assurance, des permanents de syndicats, des professeurs politisés, des féministes radicaux participent à l'établissement de ces règles du jeu. On ne veut pas de constructions subventionnées (futurs taudis) qui dévalorisent les propriétés grandes ou petites. Que de fois, j'ai assisté à de tels refus face à nos efforts de relocalisation plus décente des pauvres évincés du centre-ville.

J'y ai découvert que les deux vraies classes sociales sont les «intégrés» et les «exclus». Ce qui ne correspond pas aux scénarios idéologiques des gauches et des droites de luxe. Combats d'élite. Affrontements de petites et grandes bourgeoisies. Débats politiques entre «forts» qui ne veulent pas changer vraiment les règles du jeu, en dépit d'orientations idéologiques apparemment opposées. C'est peut-être la plus grande imposture du jeu politique dans les pays riches.

Sur un plan plus large, combien accordent plus d'importance à la lutte de pouvoir entre l'Est et l'Ouest riches, au grand dam du véritable drame Nord-Sud. Deux grands systèmes impérialistes qui se battent au-dessus du Tiers-Monde, et en même temps sur son dos.

Eh oui, la parabole rejoint notre quotidien tout autant que la grande politique internationale. Mais nos propres barrières de tous les jours sont mieux camouflées. Nous avons même trouvé des solutions de luxe pour parquer les exclus hors de nos regards. Des institutions pour les enfants handicapés ou abandonnés, pour les vieux inutiles. Des théories pour être bien dans sa peau, peu importe le prix payé par les autres. Des rationalisations qui permettront d'abandonner un conjoint accidenté, un grabataire encombrant. Tout pour protéger son bonheur moyen d'homme moyen défini par le centre d'achat. Au comptoir de l'offre et de la demande, comme des objets, vous troquerez le foetus vivant, l'agonisant euthanasié, le suicidaire. Bientôt des mouroirs isolés et feutrés pour ce dernier. Au moins, le village d'autrefois assumait ses canards boîteux. Nous sommes devenus des barbares.

Et dire que des hommes d'Eglise, des chrétiens qui se prétendent de l'Evangile, voient ici une politisation hérétique du Message. Comment concilier le plaidoyer d'une interprétation spiritualiste de la pauvreté en esprit avec ces barrières bien concrètes qu'évoque la parabole ? Il faudrait alors évacuer tout le courant prophétique d'Amos à Jésus.

Et ce chapitre 25 de Matthieu qu'on nous reproche de citer abusivement. Il s'agit bien pourtant du jugement dernier, d'un moment décisif. Tout centré sur les responsabilités matérielles et fraternelles dans la cité profane. Le texte évangélique ne vise pas d'abord le pratiquant, ni même le croyant, mais le non-homme à libérer dans sa chair, pour une égalité à hauteur d'homme ! Une égalité à faire, un peu comme la vérité biblique de Dieu. Jésus-Christ se révèle dans cette dramatique de l'homme qui n'a que sa condition humaine à mettre dans la balance, du non-homme vidé de son humanité. A ce niveau, le Dieu nu et l'homme qu'est Jésus-Christ sur la croix se nouent dans un sens historique que nous n'osons avouer.

Eh oui, la kénose (l'abaissement de Dieu) n'est pas que mystérielle ; elle est au coeur du drame historique jusque dans ses dimensions politiques. A chaque fois que l'humain et le divin sont anéantis chez le Pauvre et les siens. Nier l'homme et nier Dieu, c'est tout un pour nous croyants. Depuis l'Incarnation, voilà un critère de jugement, d'action et de foi non négociable. Nous ne pouvons pas caricaturer l'homme que nous portons en Jésus-Christ, sans défigurer le vrai visage de Dieu. Or, les Pères de l'Eglise nous ont appris que le pauvre opprimé, c'est la première brisure fondamentale de l'image de Dieu, et plus encore, le Dieu crucifié lui-même. En savons-nous les conséquences ? Par exemple une définition de l'Eglise qui part de là…une conception de la responsabilité chrétienne et politique…une priorité de la mission, etc.

Qu'il s'agisse du mal ou de l'espérance, de la liberté ou de la responsabilité, toujours l'Evangile nous invite à une saisie beaucoup plus radicale de la dramatique historique. Un peu comme si Jésus nous disait : « Vos explications et vos engagements sont très superficiels ; vous vous mentez à vous-mêmes. Ma croix est beaucoup plus concrète, davantage engoncée dans les enjeux terrestres les plus vitaux ». L'ouverture du Royaume passe donc par la solidarité humaine la plus radicale. Celle que révèle la *crucifixion de l'esclave en dehors des murs de la cité. Ce qu'il faut d'abord évaluer, c'est le péché multiforme de l'exclusion.*

Seul le Père pouvait vaincre ces dernières profondeurs du mal. Mais n'anticipons pas trop vite. Pour croire à une issue qui n'est pas purement symbolique dans la résurrection, nous devons accepter le réalisme biblique et évangélique des murs érigés par les hommes eux-mêmes. Notons ici que jamais le péché des barrières n'est rattaché à Satan. Il y a un drôle de petit sens politique en dessous de cela...à savoir la pleine responsabilité humaine. Voilà ce que bien des croyants tentent d'éluder de multiples façons. Je me demande si l'apolitisme de Jésus ne nous renvoie pas précisément à nos propres responsabilités dans la cité terrestre.

André Myre tente de retracer le cheminement des béatitudes dans la construction des évangiles. Il nous montre comment le jaillissement premier portait cette conviction. Vous jugerez, en le lisant, si je suis fidèle au repérage évangélique de ce qu'il appelle la «béatitude missionnaire». Elle nous incite à penser que la communauté chrétienne n'est pas là pour elle-même. Cela vaut pour l'Eglise. Rappelons ici que la Babylone idolâtre, condamnée au début de la Bible, devient la cité sainte traversée par l'Esprit et la fraternité christique radicale dans l'Apocalypse, au point d'arrivée du Royaume. La cité est le lieu pascal. Cette référence fondamentale a un sens percutant dans le monde d'aujourd'hui. Le drame se déplace du jardin de la Genèse à la cité fabriquée par les hommes.

De bout en bout de l'histoire terrestre du salut, les croyants ont été interpellés par Dieu au coeur de la cité, du projet humain, de la responsabilité «politique», du rapport social. Et la tentation constante des croyants a été d'utiliser la religion comme écran pour masquer leurs vraies pratiques dans la cité. En langage savant, on pourrait dire que l'orthodoxie de la religion a servi d'échappatoire au rendez-vous de Yahvé et de Jésus dans l'orthopraxie des rapports entre les hommes.

Oh je sais ici le reproche d'identifier le Royaume à la cité. Il faudrait pourtant ajouter que Dieu a pris le risque de sauver l'homme et de se révéler à travers l'histoire au coeur de la cité. Ce même risque, nous devons l'assumer et non l'évacuer. Sinon toute l'économie historique de la foi judéo-chrétienne est faussée. Et une certaine structure historique de l'Eglise devient alors une autre barrière, peut-être la plus tragique, entre les hommes, entre les pauvres et Dieu, entre le Royaume et la cité. Je le répète : relisez l'Apocalypse et remontez le cours jusqu'à Babylone, vous y trouverez la dramatique humaine qui sustente la Pâque de Jésus-Christ.

Il n'y a rien ici d'un vocabulaire et d'une idéologie politiques empruntés aux marxistes. L'Esprit a pu quand même opérer pareil détour pour nous faire découvrir notre propre économie de salut.

L'autre versant, celui de l'espérance

Devrais-je me faire pardonner d'avoir tant insisté sur ce débat qui est au centre de l'histoire contemporaine et du christianisme actuel. En lisant attentivement les trois dossiers passionnants que nous livrent Paul-André Giguère, Jean Martucci et André Myre, je n'ai pu m'empêcher d'évoquer ici la fine pointe de l'interpellation qui s'en dégage. Interpellation à double volet. Nous venons de voir le versant noir de la dramatique pascale vécue par le Pauvre et les siens aux portes de la cité. Eh oui, voilà la dernière barrière. On a refoulé Jésus hors de la cité. On lui a réservé le sort des esclaves qui ont refusé les règles du jeu établi. Les «intégrés» de la cité ont oublié un moment leurs querelles pour régler une fois pour toutes le cas des «inclus». Etre jeté hors de la cité, c'est un peu la mort humaine fondamentale des exclus. Les mondains et les esprits religieux ont fait front commun, en complicité avec les chefs religieux et civils. Mais en rester là, ce serait tronquer le mystère pascal.

Encore ici, l'Espérance à vue de pauvreté révèle un drôle de petit sens qui inverse un certain bons sens chrétien. Nous voyons les pauvres en arrière, laissés pour compte. Des déchets de la croissance. Des non-instruits. Des non-possédants. Des sans pouvoir. Si nous sommes généreux, nous acceptons une politique de rattrapage.

Or l'Evangile annoncé aux pauvres inverse ce raisonnement. Le Pauvre est en avant et non pas en arrière. *Il est l'instance du Royaume, le futur de Dieu dans le présent de la cité. L'espérance dans la situation impossible, sans espoir. La gratuité de Dieu... et aussi la gratuité humaine. Vous savez cette valeur qui transcende l'univers obligé des nécessités. « Eh quoi, la pauvreté n'est-elle pas d'abord une invitation à retrouver le sens du pain ? N'êtes-vous pas en contradiction avec votre premier propos ? » C'est ici que l'Evangile inverse le bon sens. Bien sûr, le pain est bien là au centre des enjeux du Royaume et de la cité. Enjeux sacramentalisés en quelque sorte par la dramatique de la pauvreté. L'Evangile nous prend à rebours paradoxalement. Par delà le pain, Jésus interroge notre faim, notre capacité d'accueillir le don de Dieu.*

En amont la faim, en aval le don impossible de Dieu aux hommes, au centre la responsabilité humaine, historique, politique. Cette géographie n'est pas encore satisfaisante. En effet, la victoire pascale éclate dans la pauvreté. Elle y est déjà présente. « Heureux les pauvres ». Ceux qui ont soif de justice. Le trésor du Royaume est enfoui dans le creux de la faim, dans le pauvre.

Nous pourrions faire ici un rapprochement pour comprendre. Dans la cité, la pauvreté porte l'instance de dépassement. A titre d'exemple, je pense à ce couple qui me disait : « notre enfant gravement handicapé a été pour nous un appel en avant, une sorte de saut qualitatif de meilleure humanité. Il nous a faits plus humains. Il nous a sauvés. Il nous a grandis. Il a été le Seigneur au milieu de nous, l'espérance dans l'impossible. Et nous voilà plus de lui que pour lui.

J'y vois une des grandes issues des sociétés occidentales qui ont perdu à la fois la trace de l'homme et de Dieu, dans l'absence de la faim, dans l'encombrement du coeur. Le salut viendra peut-être du Sud. Prochain chemin évangélique de l'Esprit. Il passera aussi par les pauvres d'ici. Avons-nous d'abord cette conviction avant toute considération politique de seconde instance ? Mais n'oublions pas la condition sine qua non : la destruction des barrières évoquées plus haut. Première tâche politique qui est

remise à notre totale responsabilité humaine. L'Evangile s'inté-
resse d'abord aux premières instances : la faim, le pain, le rapport
social de partage, le don de Dieu. Ce qu'il y a de plus fondamental
dans la`foi et dans la politique. Autrement les scénarios
idéologiques sont décrochés des pratiques réelles.

La pauvreté nous révèle à la fois le non-homme et l'homme
nu. L'homme qui n'est qu'homme. Comme sur la croix. Le vrai
visage de Dieu s'est présenté de cette façon là. Une donnée non
négociable de notre foi. Jésus nous avertit : désormais le pauvre,
la condition sociale et politique de la pauvreté, porte l'homme et
Dieu.

Nous n'avons rien compris à l'Eucharistie, si nous ne
resituons pas le pain dans son lieu évangélique : la pauvreté
concrète en pleine cité des hommes. Autrement, c'est du pur
symbolisme. La Présence réelle du Pauvre et des siens au coeur de
la célébration. La rencontre des vraies faims et du don de Dieu.
Déjà les prophètes avaient intégré la justice dans le culte et vice-
versa. Cette mutuelle inclusion prend un visage concret dans le
Christ eucharistique, et hélas trop rarement dans l'Eglise et dans
le comportement chrétien. Les communautés primitives recru-
tées chez les pauvres nous le rappellent. Ce sont eux qui ont
entraîné les autres dans l'Eglise.

Quel appel de conversion dans les Eglises et chez les croyants
d'aujourd'hui ! Un renversement est à opérer. Une sorte de
révolution chrétienne. Une mémoire subversive, dangereuse,
comme le dit J.B. Metz. Croyons-nous vraiment à cette grâce de
renversement qu'est la force évangélique de la pauvreté comme
porteuse du « déjà » du Royaume ? Nous avons plus besoin des
pauvres qu'eux de nous. Il y a des communautés qui poussent leur
esprit de richesse jusqu'à choisir leurs pauvres. Alors qu'au
contraire les pauvres, dit Jésus, sont en avant pour nous entraîner
à leur suite, nous amener au dépassement, au don du Royaume.
L'espérance chez les sans espoir fonde toutes les autres. L'histoire
à l'envers quoi !

Vatican II a défini l'Eglise, d'abord comme peuple de Dieu.
En mesurons-nous les conséquences ? Avons-nous changé fonda-
mentalement notre style d'Eglise ? Une Eglise du peuple. Même

les plus généreux n'en sont pas là. Ils parlent d'une Eglise pour le peuple... à la limite avec le peuple. Or comme dans le cas du Dieu nu et de l'homme nu, c'est encore les pauvres qui révèlent et portent le plus fondamental du peuple. J'ai toujours frémi en entendant plus d'une fois des curés dire avec satisfaction : « il n'y a pas de pauvres dans ma paroisse». *S'ils avaient situé leur mission dans la cité réelle, lieu évangélique premier, ils n'auraient pu raisonner ainsi. Les chrétiens consommateurs leur savent gré sans doute de ne pas les alerter.*

Dans un climat d'Ancien Testament, on peut comprendre la difficulté de discerner le vrai rôle du Serviteur souffrant. Mais dans le Nouveau, le Serviteur a pris en Jésus un visage pourtant bien identifiable. Comment justifier pareil aveuglement qui empêche de voir la cité et le Royaume, la faim réelle des pauvres et le don de Dieu, le vrai mal et l'Espérance ?

Les pauvres peuvent nous sortir de l'entre-deux actuel. Ils démystifient à la fois le matérialisme des uns et le spiritualisme des autres. Et dans la pauvreté évangélique, le pain est aussi spirituel que charnel, autant du Royaume que de la cité. Voilà une spécificité chrétienne, déjà clairement identifiée dans le Pauvre lui-même, et chez les siens.

En méditant cet ouvrage remarquable, j'ai été interpellé au vif de ma chair et de ma foi. Je les aime ces fouilleurs de Bible et d'Evangile. Oh ! il arrive que certains exégètes ne nous livrent que les cendres de l'Ecriture. Giguère, Martucci, Myre nous en transmettent le feu. Ce trésor caché du Royaume dans l'opacité de l'histoire d'hier et d'aujourd'hui. Je leur cède la place.

Jacques Grand'Maison

Partager la détresse des pauvres dans la Bible

Paul-André Giguère

La sensibilité accrue des chrétiens aux injustices sociales les amène à interroger les sources de leur foi, au moment où ils cherchent à juger les situations et à discerner les orientations d'un engagement effectif. C'est ainsi que spontanément ils se tournent vers la Bible comme vers la Parole venant de Dieu.

Mais pour un grand nombre, et on pourrait dire pour tous les catholiques, cette lecture de la Bible se fait sans critère précis et sans discernement, faute d'une tradition suffisamment longue qui permette de tenir compte, d'une façon presque spontanée, à la fois des exigences de la critique contemporaine de la Bible et des intuitions profondes qui relèvent de la foi.

C'est ainsi qu'il n'est pas rare de voir un chrétien brandir absolument le « Malheur à vous, les riches ! » de Lc 6,24, pendant qu'un autre relit le récit de la sortie d'Egypte en y voyant une caution pour toutes les libérations nationales révolutionnaires de l'histoire. Et un autre, de son côté, jettera une douche de réalisme stérilisant sur les efforts des « militants », en rappelant que Jésus aurait dit : « Il y aura toujours des pauvres au milieu de vous » (Mc 14,7).

A côté de la tentation de considérer la Bible comme un arsenal de textes polémiques et de principes idéologiques (révolutionnaires ou conservateurs), il y a celle de court-circuiter les textes, c'est-à-dire de les appliquer sans discernement aux situations contemporaines. Or les principes du libéralisme économique, l'interdépendance des nations à l'intérieur d'un système monétaire international, la puissance de compagnies multinationales plus riches que les gouvernements des pays où elles exercent leurs activités, l'existence de services gouvernementaux pour venir en aide à ceux qui sont placés dans une situation de nécessité par la maladie, les accidents, le manque de travail, le veuvage et bien d'autres détresses, voilà autant de réalités qui étaient non seulement inconnues, mais encore tout à fait inconcevables aux époques bibliques. Aussi est-ce avec une grande prudence qu'il faut appliquer à des situations sociales tout autres les textes qui visaient des réalités sociales contemporaines des auteurs bibliques.

C'est donc à décrire sommairement la situation sociale aux différentes époques bibliques que s'emploie ce premier chapitre. Il le fait sans technicité, en laissant dans l'ombre bien des aspects, sans apporter toutes les nuances ou toutes les précisions qu'on est en droit d'attendre d'un historien. Les savants sauront excuser le « globalisme » de certaines affirmations, comme les simples sauront faire l'effort d'une attention soutenue à un exposé dont le but est de leur faire découvrir les ombres et les lumières du décor dans lequel se font entendre les paroles des prophètes et évoluent les grands porte-paroles de Dieu dans l'histoire de son peuple[1].

Avant l'installation en Canaan

La première période de l'histoire biblique est celle qui s'étend de 1850 à 1150 avant Jésus-Christ environ ; c'est à ces époques que se situent les traditions concernant les patriarches (Abraham, Isaac, Jacob et ses fils) et le séjour au désert sous la conduite de Moïse[2]. Nos sources pour cette période sont donc les cinq premiers livres de la Bible : la Genèse, l'Exode, le Lévitique, les

---

1. Parmi les ouvrages généraux qui peuvent servir à celui qui veut approfondir ces questions avec profit, signalons surtout BARON, S.W., *Histoire d'Israël, vie sociale et religieuse*, P.U.F. 1956, DE VAUX, R., *Les Institutions de l'Ancien Testament*, Cerf 1961, surtout le tome I, et l'article court mais suggestif de P.E. DION, *Le rôle de la foi yahviste dans la vie politique d'Israël*, Science et Esprit 26(1974) 173-203, surtout pages 190-196.
2. Pour la période du séjour en Egypte, nous n'avons aucune source historique, ni biblique, ni extra-biblique.

Nombres, le Deutéronome, même si leur composition est très postérieure aux événements.

L'organisation sociale est essentiellement de nature tribale, et le mode de vie semi-nomade[3].

a) organisation tribale : ce que nous retiendrons ici, c'est surtout que dans une société de ce type, l'individu compte moins que le groupe. Dans une civilisation qui a pour cadre de vie le désert ou plutôt la bordure du désert, la cohésion est une condition de survie. Ce qui assure la vie de quelqu'un, ce n'est pas l'abondance de ses richesses, mais la solidité de ses liens d'appartenance au groupe.

Dans ce contexte, la famille occupe une place centrale. Par famille, il faut entendre une réalité assez étendue, correspondant un peu à ce que nous appelons ici « la parenté ». C'est le père qui occupe la place centrale dans cette réalité sociale ; dépositaire des traditions ancestrales, il préside aux mariages de ses enfants, et sa bénédiction est considérée comme efficace[4]. C'est de lui que dépend la protection de ceux qui se joignent à la famille, comme les étrangers résidents.

Mais la famille, même au sens large, est elle-même rattachée à une unité plus vaste qu'on appelle généralement un « clan ». Le clan est souvent déterminé par l'unité de lieu : les familles, qui sont de toute façon apparentées par des mariages à l'intérieur du clan[5], vivent ensemble et se partagent les ressources et les tâches. Les clans peuvent être eux-mêmes apparentés s'ils se rattachent tous à un ancêtre commun : on a alors une tribu. Mais les clans qui composent une tribu peuvent vivre indépendamment les uns des autres, alors que normalement, la famille vit au sein du clan et l'individu au sein de la famille.

Ainsi donc, ce qui importe, à cette époque, c'est la famille (ou le clan) ; d'où, en particulier, l'importance de la descendance, puisque la puissance d'un clan dépend au premier chef du nombre de ceux qui le composent.

b) vie semi-nomade : les clans auxquels appartiennent les patriarches, et les groupes qui composent le peuple que conduit Moïse dans le désert du Sinaï et le désert de Cadès n'ont pas de point fixe de résidence. Ils vivent essentiellement de l'élevage du petit bétail (moutons et chèvres), ce qui suppose qu'on se déplace selon les saisons pour trouver l'eau et les pâturages. Il y a cependant des lieux où, selon la saison ou l'abondance

3. Sur cette section, voir en particulier F. STOLZ, *Aspekte religiöser und sozialer Ordnung im alten Israel,* dans Zeitschrift für Evangelische Ethik, 17(1973) 145-159, et H.E. Von WALDOW, *Social Responsability and Social Structure in Early Israel,* Catholic Biblical Quarterly 32 (1970) 182-204.
4. Voir par exemple Genèse 24,1-4, Genèse 27-28 et Genèse 48-49.
5. Voir par exemple Genèse 24,3-4.

des pâturages, on s'arrête plus longtemps et où il est parfois possible de faire un peu de culture au printemps, de l'orge en particulier (ceci concerne surtout la période des patriarches, car il n'est pas question de culture (d'une manière habituelle) à l'époque du séjour au désert avec Moïse).

Les familles individuelles possèdent les bêtes des troupeaux; mais les pâturages appartiennent au clan, de même que les puits[6]. Lorsqu'on fait la culture, la terre cultivable est répartie entre les familles; chaque famille est « chez elle » sur son coin de terre, mais en dernier ressort, la propriété est vraiment celle du clan.

Dans ce mode de vie et d'organisation sociale, il y a peu de place pour des différences sociales telles qu'elles engendrent un fossé entre des riches et des pauvres. C'est tout le clan qui est riche ou pauvre, et il n'y a pas, en son sein, de différences sociales marquées, à cause de la solidarité qui unit les membres de la société.

Ainsi donc, un clan peut s'appauvrir s'il a été victime de pillage par un clan ennemi, ou si les pâturages ont été mauvais, ou si les troupeaux ont été malades; mais il peut aussi s'enrichir par le butin recueilli à la suite d'une incursion chez ses rivaux, si les troupeaux sont particulièrement féconds[7], par les dons reçus par le père d'une femme prise en mariage[8], ou, s'il est assez puissant, en imposant sa « protection » aux plus faibles comme le font aujourd'hui les chefs du crime organisé[9].

On conçoit donc que les seules personnes qui risquaient de connaître la pauvreté et la misère et qui pouvaient faire l'objet d'une exploitation étaient celles que les circonstances de la vie avaient isolées de ces liens familiaux qui représentaient toute la sécurité de l'individu. Ces personnes, nous en connaissons bien l'énumération, car elle revient souvent dans la Bible pour·

---

6. Voyez par exemple les rivalités signalées en Genèse 26, 15-22.
7. On pense aux ruses de Jacob en Genèse 29-31. Pensons aussi à Nabal (1 Samuel 25,2).
8. Genèse 24, 50-54.
9. Voir 1 Samuel 25,4ss.

désigner les plus démunis : ce sont la veuve, l'orphelin et l'étranger résident [10].

a) Pour comprendre la situation pénible dans laquelle étaient plongées les veuves, il faut se rappeler que le statut de la femme était fort différent de celui que nous connaissons aujourd'hui. Une femme était normalement rattachée à la maison de son père ou, après son mariage, à la maison de son mari (ici il faut entendre « maison » au sens de famille, puisque nous sommes en pleine civilisation semi-nomade !). Elle y exerçait divers travaux et avait des activités nombreuses ; mais en définitive, c'est son lien d'appartenance à son mari (ou à son père) qui lui assurait le vêtement, le gîte et le couvert. Dans le cas du décès de son époux, elle risquait donc de se trouver dans une situation précaire, la perte de l'époux équivalant à la perte de sa sécurité et de sa source de subsistance.

Aux époques anciennes dont nous parlons, il semble que ce risque ait été diminué par deux coutumes : la première et la plus importante était le lévirat, coutume selon laquelle le frère du défunt devait s'unir à la veuve pour assurer une descendance au disparu [11] ; il semble que quand ce n'était pas réalisable, il ait été possible pour la veuve de retourner chez son père [12]. Malgré tout, il pouvait sûrement arriver que des veuves se trouvent dans des situations précaires, par exemple quand les hommes d'un clan avaient été exterminés dans des combats. Aussi la coutume ancestrale invitait-elle à ne pas les opprimer, mais à leur venir en aide d'une manière particulière.

b) A côté de la veuve se rencontre l'orphelin, privé lui aussi de ce support social qu'était le lien du sang, et donc susceptible d'être opprimé ou d'être exploité sans qu'on craigne l'intervention de son parent protecteur. Ici encore, il est probable qu'aux époques anciennes un enfant sans parents devait être recueilli par les autres membres du clan, étant donné la solidarité naturelle qui réglait si fortement les rapports sociaux. Mais les circonstances exposaient sans doute souvent des orphelins à l'abandon, si bien qu'une attention spéciale leur était accordée. Cela faisait partie d'une sorte de conscience collective (comme aujourd'hui on aide un aveugle à traverser une rue et on considère abominable de faire exprès pour mettre des obstacles devant lui).

c) L'étranger résident, c'est celui qui, pour une raison ou pour une autre, a quitté sa tribu. Il n'est pas de même sang que ceux chez qui il réside : il a été expulsé ou il s'est enfui, ou encore il est survivant d'un groupe victime

10. Voir F.C. FENSHAM, *Widow, Orphan, and the Poor in Ancient Near Eastern Legal and Wisdom Literature,* dans Journal for Near Eastern Studies 21 (1962) 129-139.
11. Voir Genèse 38, et Deutéronome 25,5-10.
12. Voir Genèse 38,11 et Ruth 1,8-11 et 4,5.

d'un massacre ou d'une catastrophe naturelle. Il se présente donc sans protection, sinon celle qu'on voudra bien lui accorder. Plus que tout autre il est exposé à être exploité ; aussi la coutume ancienne est-elle sensible à sa condition et le range-t-elle parmi ceux qui doivent être protégés[13].

Ainsi donc, la période de l'histoire d'Israël qui a précédé l'installation en Canaan nous offre l'image d'une société égalitaire, où les injustices sont virtuellement inexistantes au sein d'un même groupe social, parce que plus que l'individu, c'est le groupe qui compte, et que la solidarité et la cohésion qui y règnent empêchent l'apparition de riches et de pauvres.

L'installation en Canaan et l'époque royale

Cette époque s'étend depuis la conquête et l'installation en Canaan vers 1150 jusqu'à la destruction de Jérusalem en 587. Nos sources pour cette période sont beaucoup plus nombreuses et diversifiées que pour la période précédente. Dans la Bible, nous pouvons nous référer aux livres de Josué, des Juges, de Samuel et des Rois, mais aussi aux prophètes, en particulier Amos, Isaïe et Michée. L'archéologie nous apporte également un précieux témoignage, en identifiant les périodes d'abondance et les périodes de misère, et en nous révélant l'homogénéité sociale de la population d'une ville, ou au contraire la présence de quartiers riches et de quartiers pauvres[14].

L'installation en Canaan nous est présentée dans le livre de Josué comme une conquête militaire haute en exploits, balayant la Palestine d'un souffle irrésistible et au terme de laquelle on se partage le pays conquis. C'est là une présentation bien simplifiée, commandée essentiellement par l'expérience religieuse qu'on en a tirée : en effet, on a conçu l'installation en Canaan comme un don de Dieu, comme un geste de sa fidélité à ses promesses, et la rédaction de nos traditions tend à mettre en évidence cette action de Dieu.

---

13. L'étranger de passage, pour sa part, est protégé par les lois sacrées de l'hospitalité.
14. En plus des articles de Stolz et Von Waldow déjà cités (supra, note 3), on se référera aussi à B. HESSLER, *Social Thought in the Old Testament*, dans The Bridge 3 (1958) 31-53.

La réalité fut plus prosaïque (ce qui ne signifie nullement que Dieu en était absent et que l'expérience religieuse postérieure soit sans valeur et sans fondement). Les différents clans s'installèrent comme ils purent, souvent pacifiquement en défrichant des terres inoccupées, souvent aussi par les armes ; une fois installés, les clans cherchèrent à répartir le terrain occupé entre les familles qui les composaient. Quittant leurs tentes pour des maisons, les pasteurs deviennent donc progressivement cultivateurs et éleveurs. Mais ils gardent les coutumes de leur vie antérieure : c'est en définitive au clan qu'appartient le sol, si bien que la famille qui l'occupe ne peut pas le vendre à des étrangers, ou, si elle doit le faire, les membres du clan ont toujours un droit de rachat sur la propriété[15]. Ainsi donc, la possession du sol n'est pas juridiquement individuelle, mais collective, et la propriété ne peut être aliénée.

Il faut ici remarquer que les habitants du pays, eux, avaient un tout autre système social. Pour les Cananéens, le sol faisait partie de ces réalités qui ont une valeur marchande, et on pouvait s'en départir librement. Nous verrons dans un instant comment la présence de ce double système de propriété foncière contribuera à la naissance du problème social en Israël.

Les deux éléments qui vont modifier radicalement la vie sociale sont l'urbanisation et surtout l'apparition de la monarchie. Le premier facteur suppose que des individus ne vivent plus de l'élevage et de la culture, mais ont des tâches artisanales ou industrielles : forgerons, tisserands, boulangers, potiers, autant de métiers qui vont créer une sorte d'interdépendance et une économie d'échanges : je te donne ce tissu que j'ai fabriqué contre cet animal que tu as élevé.

Le facteur qui va influencer le plus l'évolution sociale est l'apparition de la monarchie[16], surtout avec David et Salomon

---

15. Lévitique 25,23 ; voir aussi Ruth 4,1-11a, et I Rois 21,1-16 dont nous parlerons dans un instant.
16. Cf A.ALT, *Das Königtum in den Reichen Israel und Juda,* dans Kleine Schriften II (1953) 116-134, et *Der Anteil des Königstums an der sozialen Entwicklung in den Reichen Israel und Juda,* dans Kleine Schriften III (1959) 348ss.

(Saül est plus un chef militaire reconnu par l'ensemble des tribus israélites qu'un véritable monarque avec l'organisation que cela suppose). C'est par les armes que David a conquis son trône, sa ville et ses domaines ; cela suppose qu'il a à son service des guerriers commandés par des chefs militaires ; cela représente des bouches à nourrir et des familles à entretenir. Après la pacification de ses états, David s'entourera d'autres serviteurs, qui s'ajoutant à sa famille qu'il faut estimer nombreuse du fait de ses nombreuses épouses et concubines, constitueront une cour assez imposante.

La cour de Salomon représente une entité encore plus considérable et plus lourde : outre le harem fabuleux du roi, il faut compter avec des scribes pour la correspondance diplomatique, les archives officielles et la routine administrative, des musiciens, des architectes, des conseillers, des militaires, sans parler du personnel du palais : responsables de l'alimentation, de l'entretien, de la garde.

Par ailleurs, les rois acquirent rapidement des terres cananéennes (puisque les terres israélites étaient inaliénables), soit par conquête, soit par achat (par exemple l'achat par David de l'aire d'Arauna en 2 S 24,19-24, ou l'achat de la colline de Samarie par Omri en 1 R 16,24). Bientôt, de vastes domaines royaux auront été constitués, et la tentation de les agrandir conduira à ne plus respecter les coutumes les plus sacrées. C'est ce que montre bien l'épisode de la vigne de Nabot, en 1 R 21. Nous y trouvons le roi Achab, désireux d'agrandir son terrain, qui va rencontrer Nabot, propriétaire du terrain voisin, et qui lui offre de le lui acheter, ou encore de l'échanger pour un terrain de même valeur situé à un autre endroit. Mais Nabot refuse en disant que c'est le terrain familial, qu'il ne peut donc l'aliéner en faveur de quelqu'un d'un autre clan. Le roi rentre au palais contrarié dans ses projets, mais il reconnaît que la position de Nabot est juridiquement inattaquable. C'est Jézabel qui l'amène à une autre manière de voir : « Mais c'est toi qui exerces la royauté en Israël », entendez : Tu es le roi, tu peux faire ce que tu veux ! Or souvenons-nous que Jézabel n'est pas Israélite, mais fille du roi de Sidon, donc cananéenne : pour elle, la terre appartient au roi, qui peut l'exproprier d'autorité, et de toute façon cette propriété foncière collective, issue du mode de vie nomade, lui apparaît quelque chose de tout à fait dépassé et sans valeur. Elle sera donc l'instigatrice du meurtre de Nabot (ce qui nous montre incidemment que le roi pouvait encore agrandir ses domaines en prenant possession des biens d'un condamné).

Ainsi donc, pour faire vivre la cour royale et pour faire cultiver les terres acquises aux Cananéens ou aux autres, il fallait des revenus : on vit donc apparaître l'impôt (en nature) et la corvée. Ces changements se produisirent si rapidement qu'on conçoit qu'ils suscitèrent une vive opposition (qui se manifeste, entre autres, dans les doléances adressées à Roboam après la mort de son père Salomon, 1 R 12,4). Cela a bien été décrit par von Rad :

> « Malgré les lacunes de nos informations, nous pouvons fort bien nous représenter que la population campagnarde, structurée patriarcalement, n'a pas laissé s'installer au-dessus d'elle cette grande nouveauté, la monarchie, sans réagir. Objections religieuses mises à part, la royauté comportait une limitation sensible des droits et une surcharge appréciable des conditions économiques de la paysannerie indépendante. Le « droit du roi » que Samuel est censé avoir présenté au peuple (1 Samuel 8,11-17), est visiblement formulé d'un bout à l'autre en termes tendancieux; et tout l'exposé de l'élection de Saül à la royauté date d'une époque nettement postérieure. Cependant les particularités de ce droit royal ne sont pas inventées. Le roi a bel et bien prélevé dans la jeunesse du pays des soldats de métier pour renforcer ses garnisons. Il a mis la main sur des terres, pour se constituer un peu partout dans le pays, des domaines, et il a recruté de la main-d'oeuvre dans la paysannerie, pour les entretenir. Il a imposé toute la population rurale pour pouvoir faire face à l'entretien de sa cour par des livraisons en nature (1 Rois 4,7 ; 20,14) et même la population féminine n'était pas sûre d'échapper à sa mainmise, car il lui fallait des parfumeuses, des cuisinières et des boulangères. Il est facile d'imaginer ce que la libre paysannerie d'Israël, qui vivait encore dans un sentiment d'indépendance nomade, a dû ressentir devant ces intrusions dans sa vie »[17].

Désormais, la situation sociale va aller en se dégradant. La conception cananéenne (ou peut-être plus précisément sédentaire et urbaine) de la propriété et des affaires va l'emporter sur

---

17. G. von RAD, *Théologie de l'Ancien Testament*[3], trad. française aux éd. Labor et Fides 1971, 1, 60-61.

l'antique conception israélite de la solidarité et du partage. Tant en Israël qu'en Juda, les fonctionnaires royaux et les grands propriétaires vont s'enrichir au détriment du petit peuple du pays, demeuré agriculteur. En Israël, c'est au moment du règne de Jéroboam II (787-747 av. J.C.) que la richesse et le luxe fleurissent le plus dans certaines classes de la société, comme en témoignent à la fois les textes prophétiques et l'archéologie[18], alors que l'injustice s'est installée et prive les petits et les pauvres de leurs droits. Souvent en effet, à la suite d'une mauvaise récolte, de la maladie etc., une famille ne peut faire face à ses obligations envers le roi et doit, pour acquitter sa dette, céder sa terre et y devenir locataire ou employée pour le compte du roi; plusieurs doivent emprunter, mais ils sont souvent exploités par les prêteurs qui ne leur rendent pas le gage qu'ils ont laissé, ou qui imposent des taux d'intérêt interdits. Les prophètes nous parlent de la partialité des juges, qui ont partie liée avec les notables et qui s'enrichissent des pots-de-vin que leur glissent leurs amis pour rendre un jugement qui favorise les grands et les riches.

C'est à cette époque surtout que la situation des veuves, des orphelins et des étrangers a dû devenir véritablement précaire. Privés des soutiens traditionnels à cause de l'affaiblissement du sens de la solidarité familiale, ils sont souvent laissés à eux-mêmes. On pense par exemple à la veuve de Sarepta (hors d'Israël, mais le cas a dû se produire bien des fois en Israël), qui n'a plus qu' « une poignée de farine dans la cruche et un petit peu d'huile dans la jarre; quand j'aurai ramassé quelques morceaux de bois, je rentrerai et je préparerai ces aliments pour moi et pour mon fils; nous les mangerons et puis nous mourrons » (1 R 17,12).

En Juda, la situation n'est pas plus gaie, si on en croit par exemple le prophète Isaïe. C'est d'ailleurs durant sa vie, vers les années 720-715, que Juda recueille les réfugiés d'Israël, fuyant l'invasion assyrienne qui mit fin à leur Etat en s'emparant de

---

18.　Par exemple Amos 3,10-12; 4,1; 5,11; 6,4-6; 8,4-6; pour l'archéologie, voir par exemple la prospérité nouvelle de Tirsa (Tell el Farah), R. de VAUX, *La cinquième campagne de fouilles à Tell el Farah, près Naplouse,* Revue Biblique 62 (1955) 588.

Samarie en 721. Ces réfugiés étaient surtout les notables et les riches, qui s'enfuirent avec leurs biens, un peu comme nous avons été témoins récemment de l'exode de milliers de Vietnamiens. Ces financiers et ces militaires sont bien accueillis en Juda, qui a grand besoin à ce moment de renfort militaire, d'équipement et de capitaux. C'est probablement ces nouveaux venus que visent Isaïe (5,8) et Michée (2,2), quand ils parlent de ceux qui «joignent maison à maison, champ à champ, jusqu'à prendre toute la place et demeurer seuls (i.e. seuls propriétaires) au milieu du pays»[19].

On a perdu rapidement le sens de la solidarité qui cimentait l'antique société israélite, et les prophètes y verront une trahison de l'alliance entre Yahvé et son peuple. Plus tard, on décrira sous une forme imagée ce conflit entre la société nomade pacifique et la société urbaine égoïste et impitoyable, dans le récit de Caïn le sédentaire, agriculteur et constructeur de ville, et d'Abel, le nomade, pasteur de petit bétail; et c'est bien toute la mentalité des citadins de l'époque royale que trahit la question de Caïn: «Suis-je le gardien de mon frère?» (Gn 4,9). La société urbaine injuste a tué l'antique société fraternelle et a ainsi déplu à Dieu; le règne de la violence s'est installé[20].

En résumé, au cours de l'époque royale, l'égalité relative première est brisée, et de véritables pauvres apparaissent, moins par nécessité que par injustice; et une fois que la richesse a établi certains citoyens dans une situation privilégiée, ils la protègent de toutes les façons possibles, en particulier en annexant à leurs intérêts les juges qui auraient dû faire reconnaître le droit des pauvres. L'époque royale marque donc, à l'intérieur de la société israélite, le début de l'exploitation de l'homme par l'homme, et il n'est pas sans intérêt de remarquer que, dès le début, ceux qui parlent au nom de Dieu dénoncent vigoureusement cette situation, et disent clairement de quel côté Dieu va se situer et inviter ceux qui lui sont vraiment fidèles.

---

19. H. BARDTKE, *Die Latifundien in Juda während der zweiten Hälfte des achten Jahrhunderts vor Christus (Zum Verständnis von Jes 5,8-10)*, dans Hommages à André Dupont-Sommer, Paris 1971, pages 235-254.
20. G. WALLIS, *Die Stadt in den Ueberlieferungen der Genesis*, dans Zeitschrift für das Alttestamentliche Wissenschaft 78 (1966) 133—148.

La période de l'Exil s'étend de 587 à 538, et par période post-exilique nous entendrons tout le temps qui s'écoule entre le retour en Palestine (538) et la période du Nouveau Testament. Nos sources pour cette période sont d'une part le deuxième livre des Rois et le livre de Jérémie, d'autre part les livres d'Esdras, de Néhémie et d'Aggée.

L'Exil, c'est la perte de tout, même pour ceux qui n'ont plus rien à perdre. Car si l'Exil a d'abord touché les notables, les gens de distinction, d'instruction, de richesse, de bonne situation (ce sont ceux qui sont exilés les premiers, dès 597), il a aussi touché les petits et les pauvres. En effet, ces derniers se trouvent privés définitivement de ce qui pouvait leur rester de recours judiciaire ou de possibilité de rentrer en possession de l'héritage du clan. En étant déplacés dans un pays lointain, tous ont tout perdu, tous sont devenus pauvres. Il n'y a plus, au sein du peuple juif, de différences sociales.

Au cours de la deuxième moitié du séjour en Babylonie, certains des Juifs, peut-être les plus habiles et les plus audacieux, se lanceront avec succès dans les affaires et dans les finances, et ils prospéreront, alors que d'autres de leurs compatriotes resteront des travailleurs agricoles. Mais la période que nous évoquons est trop brève pour qu'on puisse parler de tensions entre riches et pauvres.

Au retour de l'Exil, à la fin du 6e siècle, nous avons de nouveau affaire à un peuple pauvre. Les Juifs qui avaient le mieux réussi en Babylonie y sont demeurés ; ne sont revenus en Palestine que ceux qui ont tout à y gagner. Et pendant longtemps, ils vont rester pauvres. D'une part, le territoire qui leur est alloué est minuscule : il fait environ 25 milles (40 kilomètres) du nord au sud ! D'autre part, on est en présence de villages et de villes en ruines et abandonnées depuis des décennies ; les premières récoltes sont plutôt mauvaises[21], peut-être à cause de

---

21. Aggée 1,6.9-11.

l'état d'abandon dans lequel les terres avaient été laissées, et puis on est très peu nombreux.

On a aussi à faire face à une opposition soutenue de la part des Samaritains et des autres étrangers qui, pendant l'Exil, avaient occupé les meilleures terres et possédé les meilleures vignes, et qui ne voulaient pas les laisser aux nouveaux venus. Ce petit peuple se considère donc comme un peuple pauvre, démuni, face à des étrangers qualifiés à bon droit d'« impies ». En fait, dans la littérature post-exilique, à partir de cette réalité sociale que ceux qui s'opposent au peuple sont des non Juifs, donc des impies, « riche » et « impie » vont finir par s'équivaloir, comme on le voit en Isaïe 53,9 et dans plusieurs psaumes[22]. Le terme « pauvre » va donc prendre insensiblement une connotation morale et spirituelle, et désigner ceux qui attendent tout de Dieu et qui mettent leur confiance en Lui[23]. Déjà, dans l'ancien Israël, Yahvé, tout comme en principe le roi, était considéré comme le défenseur et le protecteur des pauvres : celui qui n'avait pas un proche parent pour veiller sur lui pouvait compter sur Yahvé comme sur son protecteur. Cette antique réalité va recevoir une actualité nouvelle dans la période post-exilique.

Mais de cette période on ne peut dire autre chose au plan social, faute de documentation. On peut seulement soupçonner que la classe sacerdotale va s'enrichir considérablement, puisqu'elle monopolise toutes les fonctions-clé de la vie nationale. On ne sera pas surpris de la trouver parmi les riches au seuil du Nouveau Testament.

L'époque de Jésus

Au 1er siècle de notre ère, la situation sociale en Palestine est

---

22. A.KUSCHKE, *Arm und reich im Alten Testament mit besonderer Berücksichtigung der nachexilischen Zeit,* dans Zeitschrift für das alttestamentliche Wissenschaft (1939) 31-56.
23. A GELIN, *Les pauvres que Dieu aime,* Coll. Foi vivante, Cerf 1967, 172 pages (réédition de *Les pauvres de Yahvé,* Paris 1953).

encore différente de ce qu'elle était aux époques antérieures[24].
Nos sources sont ici surtout les évangiles et l'historien juif Flavius
Josèphe ; l'archéologie vient souvent confirmer ce que nous
savons déjà par les textes, sans apporter de contribution spéciale.

A l'époque de Jésus, la masse des Juifs de Palestine est
constituée par des ouvriers, des artisans et des cultivateurs. En
Galilée, on trouve surtout ces derniers, parfois indépendants,
plus souvent probablement engagés par de grands propriétaires[25]. Autour du lac de Tibériade se retrouvent les pêcheurs, dont
on peut supposer qu'ils se regroupaient parfois en associations[26].
En Judée, c'est davantage la culture de la vigne, de l'olivier, des
fruits (figues), et les industries connexes (par exemple l'industrie
de l'huile), qui occupent la population. Et dans les villes, tant en
Galilée qu'en Judée, la population est composée d'artisans (dans
la construction, l'alimentation, le vêtement).

A première vue, la situation sociale de la Palestine du 1er
siècle laisse croire qu'on a affaire à une population sans doute
besogneuse, mais qui pourrait être relativement indépendante.
Cependant, le tableau s'assombrit quand on considère que cette
population était soumise à deux régimes de taxation très
onéreux.

Le premier impôt concerne le Temple de Jérusalem. Depuis
longtemps, sûrement depuis le 5e s. av.J.C. (voir Ne 10,33 ;
Ex 30,13-16), tous les Juifs de vingt ans et plus devaient donner
chaque année une contribution monétaire pour l'entretien et le
bon fonctionnement du Temple de Jérusalem. Les Romains
autorisèrent la poursuite de cette coutume, et au temps de Jésus,
tous les Juifs, qu'ils soient en Palestine ou ailleurs dans l'Empire,
devaient verser un impôt d'un demi-sicle ou didrachme[27]. En plus

---

24. Pour cette période, voir en particulier J. JEREMIAS, *Jérusalem au temps de Jésus.*
    Recherches d'histoire économique et sociale pour la période néo-testamentaire, Cerf
    1967.
25. Rappelons-nous le « maître de la moisson » qui envoie des ouvriers dans sa moisson
    (Matthieu 9,37-38), les serviteurs du maître de maison au champ de blé mêlé d'ivraie
    (Matthieu 13,27), le maître de la vigne qui embauche des serviteurs pour travailler à
    sa vigne (Matthieu 20,1ss.) etc.
26. Luc 5,7.10 parlent de « compagnons » (associés ?) de Simon.
27. Voir l'épisode rapporté par Matthieu 17,24-27.

de cette contribution annuelle et obligatoire, les Juifs étaient sollicités de bien d'autres façons, et le Temple avait beaucoup d'autres sources de revenus : le commerce des victimes, le change des monnaies (car les monnaies païennes n'étaient pas admises dans le Temple), l'argent offert quand on s'acquittait d'un vœu (voir Ac 21,24), les revenus de propriétés appartenant au Temple, enfin les offrandes spontanées au Trésor du Temple (pensons à l'épisode de la veuve rapporté en Mc 12,41-44). Tout cela faisait du Temple et de son organisation une puissance économique très grande, mais constituait pour le peuple une charge passablement lourde. Cet argent, au 1er siècle, était consacré principalement à l'aménagement du nouveau Temple et à sa somptueuse décoration [28].

En plus des redevances de toute sorte pour le Temple de Jérusalem, les Juifs de Palestine étaient assujettis à l'impôt romain. Ces impôts étaient assez élevés : Jeremias parle de 600 talents par année pour la seule Judée, ce qui représente 6,000,000 de journées de travail d'un travailleur agricole, au tarif jugé juste par Mt 20,2 ; pour une population d'un peu moins d'un million de personnes (pour la Judée, toujours), c'était un fardeau considérable. Cet impôt ne se mesurait d'ailleurs pas seulement en argent : car à côté de l'impôt foncier et de l'impôt personnel, il y avait aussi les corvées, la nourriture à assurer aux garnisons romaines et aux patrouilles, la taxe à payer pour défrayer la douane sur les marchandises qui traversaient les frontières etc.

Face à ces deux pouvoirs de taxation, le peuple se divisait en deux parties inégales ; la minorité, qui cherchait à en profiter, et la majorité, qui en subissait les conséquences.

Qui donc profitait de la richesse du Temple ? Ce n'était pas, comme on pourrait le penser au premier abord, les prêtres dans leur ensemble : en principe, ceux-ci devaient vivre de la dîme, mais comme on ne la versait à peu près pas, la plupart des prêtres

---

28. Flavius Josèphe rapporte qu'après le pillage et la destruction du Temple par les Romains en 70, il y eut tellement d'or mis en circulation que le prix de l'or connut une baisse de 50% sur les marchés financiers de Syrie (Guerre Juive VI,6).

exerçaient un métier manuel pour gagner leur vie ; d'ailleurs, leur grand nombre (qu'on estime à environ 18,000) faisait qu'ils n'exerçaient qu'occasionnellement leur service au Temple de Jérusalem, en rotation (cf. Lc 1,8). Ceux qui profitaient le plus de la richesse du Temple étaient les membres des grandes familles sacerdotales, c'est-à-dire de ces familles au sein desquelles le grand-prêtre avait été choisi.

Ces personnages, que nous connaissons dans les évangiles comme étant les Sadducéens et les « chefs des prêtres », contrôlaient toute l'activité du Temple. Par exemple, c'est une de ces familles, peut-être celle d'Anne, qui contrôlait le commerce des animaux destinés aux sacrifices.

Sans profiter directement de la richesse du Temple comme les Sadducéens, une autre minorité vivait, à Jérusalem, dans la richesse, ou en tout cas dans une aisance contrastant avec la situation modeste du peuple : on les connaît sous le nom « d'Anciens ». Les Anciens étaient les notables de la ville, grands propriétaires ou gros commerçants. Avec les responsables des grandes familles sacerdotales, ils siègent au Sanhédrin, grand conseil juridique qui règle la vie juive[29]. En général, les grands-prêtres et les anciens sont très accomodants avec les Romains, puisqu'ils leur doivent leur condition privilégiée ; ils s'opposent à toute tentative de remise en question du statu quo, et ils seront parmi les plus actifs opposants à Jésus.

Ceux qui profitaient du système de taxation romain étaient de deux catégories. A Jérusalem, il y avait les Anciens, que nous venons de mentionner. En effet, c'est parmi eux que le procurateur romain choisissait ceux qui seraient responsables de recueillir les impôts de leurs concitoyens, et ils devaient compenser sur leur propre fortune les montants dûs qu'ils n'auraient pas réussi à recueillir. On s'imagine facilement qu'ils devaient exiger ces sommes avec fermeté. Et puis ailleurs, et à Jérusalem même au service de ces notables qui ne faisaient tout

---

29. Au Sanhédrin il y avait aussi les « scribes », de tendance pharisienne, qui étaient des gens beaucoup plus simples économiquement parlant.

de même pas du porte à porte pour recueillir l'impôt, c'étaient les « publicains » qui recueillaient une partie de l'impôt, le « publicum », qui est une taxe indirecte et un frais de douane. Nous savons, par l'évangile, combien ils étaient méprisés de la population ; il est certain qu'ils s'enrichissaient dans ce genre de travail (pensons à Zachée, Lc 19,2), et Jean-Baptiste ne prêchait sûrement pas dans le désert quand il leur recommandait de « ne rien exiger de plus que ce qui est fixé » (Lc 3,13).

A l'autre extrémité se trouvaient les victimes de cet état de choses. Ecrasés par la fiscalité, un grand nombre de citoyens étaient criblés de dettes envers les publicains qui « avançaient » l'argent ou envers les fournisseurs (cf.contexte de la parabole du gérant habile, Lc 16,1-8). Plusieurs autres sont réduits à la mendicité : le précepte de l'aumône est très souvent affirmé dans la tradition rabbinique de cette époque, et on trouve des mendiants devant Jésus, par exemple l'aveugle de Jéricho. On comprend facilement d'ailleurs que ce soient d'abord les infirmes et les veuves (Lc 18,2-5) qui soient ainsi réduits à la dernière extrémité.

Tout le monde ne se résignait pas à cette dépendance. C'est ainsi que Josèphe témoigne du grand nombre de« bandits » qui se tiennent en bordure des routes pour attaquer les voyageurs dans des endroits isolés (pensons ici à la parabole dite du Bon Samaritain, Lc 10,30), et Jésus recourt quelquefois à l'image du voleur qui vient la nuit. Dans le même ordre d'idées, il faut mentionner les Zélotes. De ces derniers, on a surtout retenu l'orientation politique anti-romaine[30]. Mais la racine de leur révolte était autant sociale que politique ou religieuse : en tout cas, quand ils prendront le contrôle de Jérusalem en 66, un de leurs premiers gestes sera de brûler les actes juridiques concernant les dettes de leurs concitoyens.

---

30. Indépendamment de la thèse contestée qu'il soutient, on trouvera renseignements et bibliographie dans S.G.F. BRANDON, *Jesus and the Zealots,* Manchester University Press 1967.

L'époque de Jésus se présente donc à nous comme une période troublée, où nous retrouvons un fossé entre riches et pauvres, où nous voyons les riches préférer l'amitié de l'impérialiste étranger plutôt que la solidarité avec les pauvres de leur peuple. Quant aux pauvres, pour la plupart, ils sont soumis et résignés, cependant qu'un petit nombre résiste sur plusieurs plans aux forces qui l'oppriment. Nous savons de quel côté ira Jésus, de qui il se manifestera solidaire, et de qui il sera la victime.

Conclusion

Le survol de ces mille cinq cents ans d'histoire laisse percevoir que la distinction entre riches et pauvres apparaît avec l'urbanisation et s'accroît avec l'instauration de la monarchie. Cette distinction met en péril l'alliance elle-même, qui est la charte du peuple d'Israël. La disparition du sens de la solidarité et de la responsabilité commune a conduit Israël à l'inégalité et à l'injustice, ce qui, finalement, causera sa perte tant en 587 av.J.C. qu'en 70 de notre ère. Car à la veille des deux destructions de Jérusalem à 600 ans de distance, nous voyons les dirigeants prendre les décisions essentiellement en fonction de leurs intérêts particuliers. De plus, au premier siècle, nous voyons le mouvement populaire des zélotes incapable, dans sa réforme sociale, de faire face au tout puissant empire romain.

La leçon de l'histoire est dure pour les petits et les pauvres. A ne regarder que les chiffres et les faits, il n'y aurait pas d'espérance pour eux.

S'il y a une espérance, c'est qu'il y a pour eux une Parole puissante, celle des législateurs, des prophètes et des sages, et celle d'un pauvre artisan de Galilée. C'est vers elle qu'il faut maintenant se tourner, pour y puiser une espérance dont, me semble-t-il, nous avons tous en ces temps-ci un grand besoin.

L'espérance des pauvres

Jean Martucci

Au cœur de leur détresse socio-économique et en attendant que soient proclamées les Béatitudes évangéliques, les pauvres de l'Ancien Testament ont connu une espérance qu'expriment, chacun à leur façon, « la Loi, les Prophètes et les Autres Écrits »[1]. De ce point de vue, la Loi, c'est *le droit* des pauvres ; les Prophètes sont *la voix* des pauvres ; et les Autres Écrits disent *la joie* des pauvres. Parce qu'ils ont un droit, une voix et une joie, les pauvres de l'Ancien Testament peuvent, comme Abraham, « espérer contre toute espérance » (Rm 4,18).

I- « La Loi » ou le droit des pauvres

Les sociétés sédentaires[2] du Moyen-Orient ancien ont toutes eu à faire face au problème des inégalités sociales et économiques

---

1. Division traditionnelle de la Bible chez les Juifs, connue déjà du traducteur du Livre Ecclésiastique ou Sagesse de ben Sira (Prologue, versets 1.8-10.24-25), au deuxième siècle avant Jésus-Christ, et reprise par la Traduction œcuménique de la Bible (1973).
   Dans cette division tripartite, « les Prophètes » se subdivisent en « Prophètes antérieurs », qui incluent presque tous nos « livres historiques », et « Prophètes postérieurs » qui correspondent, sauf pour Daniel, à nos « livres prophétiques ». Dans le présent article, les « Prophètes antérieurs », moins directement utiles au sujet, seront rarement cités.
2. Voir l'article de Paul-André Giguère (pages 16-20) pour comprendre pourquoi il n'en était pas ainsi chez les nomades ou les semi-nomades.

33

des individus ou des «classes»[3] qui les composaient. Le concept de propriété privée et l'estompement des liens claniques, qu'implique la sédentarisation, engendrent facilement la capitalisation, qui fait les riches, et l'isolement, qui fait les pauvres. C'est ainsi qu'apparaissent les exploités et les faibles que le Livre de Job (24,2-11) décrit de façon saisissante :

«On déplace les bornes,
on fait paître des troupeaux volés,
c'est l'âne des orphelins qu'on emmène,
c'est le boeuf de la veuve qu'on retient en gage.
On écarte de la route les indigents,
tous les pauvres du pays n'ont plus qu'à se cacher.
Tels des onagres dans le désert,
ils partent au travail dès l'aube, en quête de pâture.
Et c'est la steppe qui doit nourrir leurs petits.
Dans les champs, ils se coupent du fourrage,
et ils grappillent la vigne du méchant.
La nuit, ils la passent nus, faute de vêtement,
ils n'ont pas de couverture quand il fait froid.
Ils sont trempés par la pluie des montagnes,
faute d'abri, ils étreignent le rocher.
On arrache l'orphelin à la mamelle,
du pauvre on exige des gages.
On le fait marcher nu, privé de vêtement,
et aux affamés on fait porter des gerbes.
Dans les enclos des autres, ils pressent de l'huile,
et ceux qui foulent au pressoir ont soif.»

On voit ici, en termes concrets qui font image, l'oppression des pauvres incapables de payer leurs dettes, l'intransigeance des riches qui n'ont pitié de personne, l'indigence qui va jusqu'à priver du nécessaire et l'esclavage de la main d'œuvre sans droits qu'exploitaient les grands propriétaires terriens.

Pareille situation était insupportable. «Pour restaurer l'équilibre dans la société, il fallait que ces gens fussent protégés. Il devenait dès lors nécessaire de faire de leur protection efficace

---

3. «En Israël, il n'y a jamais eu vraiment de classes sociales au sens moderne, c'est-à-dire des groupes conscients de leurs intérêts particuliers et s'opposant entre eux» — R. de Vaux, *Les institutions de l'Ancien Testament* t. I Paris Cerf (1958) 108. Voir également pp. 110-116 et 122.

un commandement direct de la divinité et une vertu des rois »[4]. C'est ce qu'ont fait les voisins d'Israël et, avec cependant des perspectives qui lui sont propres, Israël lui-même.

1. *Les voisins d'Israël*

Les deux plus puissants voisins d'Israël ont toujours été la Mésopotamie, au nord, dominée successivement, à l'époque biblique, par les Assyriens, les Babyloniens et les Perses, et l'Egypte, au sud. Plus près d'Israël, tant du point de vue géographique que du point de vue culturel, il faut cependant compter aussi Ugarit parmi ses voisins influents. L'enracinement historique de la foi vétéro-testamentaire commande qu'on tienne compte de ce contexte, quand on cherche à mieux comprendre les textes bibliques.

En Mésopotamie, plus de deux mille ans avant Jésus-Christ, des rois comme Urukagina (25e siècle) et Urnammu (21e siècle) se vantaient déjà d'avoir arraché la veuve, l'orphelin et l'économiquement faible des griffes de ceux qui les opprimaient. Mais il faut surtout citer Hammurapi, roi fondateur du premier empire babylonien au 18e siècle avant Jésus-Christ, dont le code[5] s'ouvre, en prologue, et se ferme, en épilogue, sur l'idée que ses lois sont données «pour que le fort ne puisse pas opprimer le faible.» Pour Hammurapi, comme pour tous les Sémites, la justice n'est pas une simple règle s'appliquant à tous indistinctement ou une froide divinité, ayant balance en mains et yeux bandés, mais une véritable passion pour ceux qu'énumérera le roi Assurbanipal, au 7e siècle avant Jésus-Christ : «l'humble, le débile, l'affligé, le pauvre, celle dont le fils est prisonnier..., celui dont la famille est éloignée, dont la cité est au loin, le berger dans

---

4. F.C. Fensham *Widow, Orphan and the Poor in Ancient Near Eastern Legal and Wisdom Literature* dans *Journal of Near Eastern Studies* 21 (1962) 139.
5. André Finet *Le Code de Hammurapi. Introduction, traduction et annotation* Paris Cerf (1973) 159pp.

la frayeur de la steppe, le bouvier dans la guerre, le gardien des brebis au milieu des ennemis... »[6].

En Egypte, les textes législatifs sont plus rares, mais on peut voir quel pouvait être l'idéal d'un pharaon en lisant la description, évidemment dithyrambique, du jour où Ramsès IV fut intronisé :

> « Ceux qui étaient affamés se rassasient gaîment,
> ceux qui étaient assoiffés s'enivrent.
> Ceux qui étaient nus sont revêtus de lin fin,
> ceux qui étaient en guenilles portent des habits blancs.
> Ceux qui étaient en prison sont mis en liberté,
> ceux qui étaient affligés se trouvent en joie... »[7].

A Ugarit, la Légende du roi Keret[8] résume comme suit les reproches qu'on adresse au roi :

> « Tu n'as pas jugé le jugement de la veuve,
> tu n'as pas fait droit au droit des malheureux,
> tu n'as pas chassé ceux qui dépouillent le pauvre,
> tu n'as pas nourri l'orphelin devant toi,
> la veuve derrière ton dos,
> te montrant un frère pour le malade,
> compagnon de son lit de souffrance. »

On voit, par la négative, ce que devait être un roi selon le coeur des dieux et l'esprit des lois ugaritiques.

Ces quelques citations montrent assez que la protection des faibles et, en particulier, des veuves, des orphelins et des pauvres constituait une politique législative commune au Moyen-Orient ancien. Israël fera de la sollicitude envers les pauvres une de ses plus constantes préoccupations[9] qu'on retrouve comme un leitmotiv dans ses grands recueils législatifs.

---

6. *Grande hymne à Shamash,* lignes 132-137, telles que traduites par W.G. Lambert *Babylonian Wisdom Literature* Oxford (1960) 134-135.
7. Traduction de Jacques Dupont *Les Béatitudes* t. II Paris Gabalda (1969) 60 se basant sur J.A. Wilson, H. Bolkestein et C. van Leeuwen.
8. Colonne VI, lignes 46-50. Traduction de J. Dupont *ibid.*
9. S. Mowinckel *He that Cometh* (trad. de l'all.) Oxford (1966) 93 souligne qu'il s'agit, en Israël, d'une obligation royale qui relègue loin derrière elle plus d'un devoir rituel.

2. Israël

Il ne faut pas s'étonner de trouver « un sens extraordinaire de l'inconvenance de l'injustice et de l'esclavage chez un peuple qui tient sa liberté de la libération d'Egypte accordée par Dieu à ses ancêtres »[10]. Les grands recueils législatifs d'Israël, unanimement préoccupés du pauvre, sont rattachés par la Bible à la personne de Moïse et l'expérience de l'Exode. Israël ne doit pas oublier qu'il a été pauvre, étranger et même esclave en Egypte et qu'il lui incombe ainsi un devoir particulier envers les démunis. Cette motivation théologique n'implique cependant pas que les recueils législatifs d'Israël remontent au temps de l'Exode.

Si les deux versions actuelles du Décalogue (Ex 20,2-17 et Dt 5,6-21) proviennent d'une formulation primitive qui peut dater du temps de Moïse, il n'en est pas tout à fait ainsi pour les trois codes qui intéressent plus particulièrement le sujet du présent article. Le Code de l'Alliance (Ex 20,22 — 23,33) ne peut dater que des premiers temps de l'installation en Canaan (12e siècle avant J.-C.). Le Code deutéronomique (Dt 12 — 26) contient sûrement des éléments anciens d'origines variées, mais leur compilation n'a dû se terminer qu'au temps d'Ezéchias (8e siècle avant J.-C.). Le Code de Sainteté (Lv 17 — 26) semble avoir compilé pendant l'Exil (6e siècle avant J.-C.) des usages datant de la fin de la monarchie. Même si les autres compilations législatives du Lévitique (lois des sacrifices : 1 — 7 ; rituel pour l'installation des prêtres : 8 — 10 ; loi de pureté : 11 — 16) peuvent comporter des dispositions particulières pour les pauvres[11], seuls les trois codes précités, avec leur législation plus sociale que rituelle, nous retiendrons ici. On verra quels démunis ils protègent et quelles institutions humanitaires ils prévoient[12].

---

10. N.W. Porteous *The Care of the Poor in the Old Testament* dans *Living the Mystery* Oxford Blackwell (1967) 151.
11. Par exemple, les « deux tourterelles ou deux pigeons » prévus par Lv 5,7 pour qui « n'a pas les moyens », comme ce fut le cas pour les parents de Jésus (Lc 2,24).
12. Sur le droit et la justice en Israël, voir R. de Vaux *op.cit.* t. I, pp.221-250.

a. *Des démunis à protéger*

Il existe une sorte de trinôme sacré de la pauvreté, « l'étranger, l'orphelin et la veuve », dont fait état surtout le Code deutéronomique (Dt 14,29 ; 24,19.20.21 ; 26,12.13 ; 27,19), mais mentionné aussi dans le Code de l'Alliance (Ex 22,20-21). L'étranger, ce fut d'abord le résidant vaincu du pays conquis (le Cananéen par opposition à l'Israélite), puis l'immigrant venu d'une autre tribu ou d'un autre pays, tout spécialement les réfugiés descendus du royaume du Nord après la ruine de Samarie. Sans droits politiques et exclus de la propriété foncière, ces étrangers grossissaient le nombre des économiquement faibles. Les Lévites, sans tribu territoriale, sont assimilés à ces étrangers et leur mention précède parfois le trinôme des démunis (Dt 26,12-13). La veuve, que sa situation juridique en tant que femme défavorisait déjà, n'héritait pas de son mari et tombait parfois, avec ses enfants devenus orphelins, dans la plus misérable pauvreté, comme la veuve de Sarepta (1 R 17,8-15) ou celle d'un frère-prophète du cercle d'Elisée (2 R 4,1-7). C'est tout spécialement pour venir en aide à « l'étranger, l'orphelin et la veuve » qu'on devait, à la moisson, laisser des épis à glaner ; au gaulage, laisser des olives à cueillir ; à la vendange, laisser des raisins à grappiller (Dt 24,19-21 ; Lv 19,9-10). Le propriétaire n'avait pas le droit de ratisser ses terres au point de ne laisser de ses fruits rien de disponible pour les plus démunis. Il y a là plus qu'une recommandation des pauvres à la charité des riches. Le sol d'Israël est propriété exclusive de Yahvé (Jos 22,19 ; Ps 85,2 ; Jr 16,18 ; Ez 35,5 ; Os 9,3) : « La terre m'appartient et vous n'êtes pour moi que des étrangers et des hôtes » (Lv 25,23). Les usagers humains de la terre de Dieu, fussent-ils de puissants propriétaires, doivent se rappeler que le sol ne leur appartient pas en propre. Dieu le leur prête et, s'ils ont droit au fruit de leur travail. n'importe qui, mais les pauvres par dessus tout, a droit aux fruits de la terre pour se nourrir en cas de besoin : « Si tu entres dans la vigne de ton prochain, tu mangeras du raisin autant que tu veux, à satiété ; mais tu ne dois pas en emporter. Si tu entres dans les moissons de ton prochain, tu pourras arracher des épis à la main[13], mais tu ne feras pas passer la faucille dans les moissons de ton prochain »(Dt 23,25-26). En somme, personne n'a le droit de s'enrichir avec le travail des autres, mais tout le monde a le droit de se nourrir du sol qui n'appartient qu'à Yahvé. On ne fait pas la charité en laissant des épis à glaner, des olives à gauler et des vignes à grapiller. On respecte tout simplement la propriété de Dieu et le droit de ses protégés.

L'esclavage en Israël n'a jamais eu le caractère extrêmement dur, voire inhumain, qu'il avait dans la Rome ou la Grèce antiques, qui cultivaient de véritables cheptels infra-humains. La législation israélite permettait néanmoins d'acquérir des esclaves étrangers ou d'origine étrangère, tout en rejetant l'idée qu'un Israélite puisse devenir l'esclave d'un autre Israélite (Lv 25,44-46). Même sur ce dernier point cependant, l'emprunteur incapable de fournir un autre gage que ses services ou le débiteur complètement insolvable ou encore le voleur ne pouvant rembourser sa victime pouvaient être réduits en esclavage (Ex 22,2), même s'ils étaient des Israélites. Mais, cet esclavage ne pouvait être que temporaire[14] et tout esclave avait des droits que Yahvé lui-même commandait de respecter scrupuleusement. Par exemple, l'esclave israélite, d'après le Code de l'Alliance, devait être affranchi[15] après six ans de service (Ex 21,1-6), la femme israélite esclave ne pouvait être transférée à un étranger (Ex 21,7) et avait un droit strict « à la nourriture, au vêtement et à la cohabitation » (Ex 21,10-11) ; les coups mortels portés à un esclave étaient passibles de punition (Ex 21,20-21) et l'esclave gravement blessé à l'oeil ou à la dentition[16] avait droit, par le fait même, à son affranchissement (Ex 21,26-27) ; l'esclave étranger

---

13. C'est bien ce que font les disciples de Jésus dans Mc 2,23 et ses parallèles en Mt 12,1 et Lc 6,1.
14. A moins d'un libre choix décidé par l'esclave lui-même à cause d'un attachement à un maître aimé, comme le suppose Ex 21,5. Même l'esclavage temporaire se transforme en prestation obligatoire de services salariés dans le Code de Sainteté (Lv 25,39-43).
15. Le Code deutéronomique ajoute même qu'on devra lui faire des cadeaux et « ne pas le laisser partir les mains vides » (Dt 15,12-18).
16. On reconnaît ici un écho de la loi du talion (Ex 21,23-25 ; Lv 24,19-20) qui n'est pas le cri de vengeance sadique auquel on la réduit souvent.

réfugié en Israël avait droit d'asile (Dt 23,16-17)[17]. On parlera plus loin du droit de rachat dans le cas d'un Israélite réduit en esclavage par ses dettes (Lv 25,47-53).

Au chapitre des dettes précisément, l'économie pré-capitaliste, instaurée avec la monarchie, entraînait d'invraisemblables abus de la part des créanciers dont les taux d'intérêt ruinaient en permanence les pauvres ou les gens mis soudainement dans la gêne. Le Code de l'Alliance interdit le prêt à intérêt : « Si tu prêtes de l'argent à mon peuple (c'est-à-dire : à un de tes compatriotes), au malheureux qui est avec toi, tu n'agiras pas avec lui comme un usurier ; vous ne lui imposerez pas l'intérêt » (Ex 22,24). Il s'agit là d'une mesure ne visant que le prêt entre Israélites[18]. L'intérêt est permis sur les prêts aux étrangers (Dt 23,21). Mais la loi de la gratuité du prêt n'était pas respectée puisque «l'usure et les intérêts» comptent, pour Ezéchiel (22,12), parmi les crimes de Jérusalem.

Au moment de concéder un prêt, le créancier pouvait demander un gage. La loi essaie de protéger les emprunteurs contre les abus. «Sans doute pour éviter toute apparence de saisie »[19], le créancier ne peut forcer le domicile du débiteur, mais doit attendre dehors que celui-ci lui apporte son gage (Dt 24,10-11). On ne peut réclamer en gage ce qui constitue un outil nécessaire à la subsistance : «On ne prendra pas en gage le moulin ni la meule, car ce serait prendre en gage la vie elle-même» (Dt 24,6). Dt 24,17 dit : « Tu ne prendras pas en gage le vêtement de la veuve». Il est même interdit de garder en gage pour la nuit le manteau dans lequel on s'enroule pour dormir : «Si tu prends en gage le manteau de ton prochain, tu le lui rendras pour le coucher du soleil, car c'est là sa seule couverture, le manteau qui protège sa peau. Dans quoi se coucherait-il?» (Ex 22,25-26). Cette

---

17. C'est, du moins, l'interprétation que de Vaux (*op.cit.* t. I, p. 136) donne de ce passage difficile.

18. Ce prêt est encouragé par la Loi (Dt 15,7-11), les Sages (Ps 112,5 ; Si 29,1-2) et l'Evangile (Mt 5,42), malgré les inconvénients que voit ben Sira avec perspicacité et parfaite lucidité (Si 29,4-7).

19. de Vaux *op.cit.* t. I, p. 262.

precription, reprise en termes différents par le Code deutéronomique (Dt 24,12-13), surprend un peu par la disproportion qu'il semble y avoir entre un vêtement donné en gage et un prêt dont il devrait assurer le remboursement. La plupart des prêts commerciaux en Israël devaient excéder de beaucoup la valeur réelle d'un vêtement de pauvre! Mais, justement, le vêtement doit plutôt avoir ici une valeur symbolique et constituer une sorte de substitut de la personne. Celui qui ne pourra rembourser sa dette devra entrer lui-même ou laisser entrer des dépendants au service de son créancier et lui servir d'esclave. « Le prêteur sur gages est venu », dit la veuve à Elisée, « pour prendre mes deux enfants et en faire ses esclaves » (2 R 4,1). Comme le fait remarquer avec justesse R. de Vaux : « L'insolvabilité a été la principale cause de la réduction d'Israélites en esclavage »[20].

L'esclavage n'était cependant pas la condition ordinaire des pauvres en Israël. La plupart travaillaient contre un salaire. Mais cette condition de dépendance ne valait guère mieux, et Jb 7,2 établit un parallèle bien fondé entre « l'esclave qui soupire après l'ombre et le journalier qui attend sa paye. » La Loi essayait de protéger ces démunis en commandant de leur verser leur salaire sans faute en chaque fin de journée « sans laisser le soleil se coucher sur cette dette » (Dt 24,14-15, repris par Lv 19,13).

L'étranger, l'orphelin, la veuve, le Lévite, le débiteur, l'esclave et le salarié étaient donc autant d'indigents que la Loi d'Israël entourait d'une certaine protection par des prescriptions qui leur assuraient des droits réels, même devant les tribunaux (Ex 23,3.6; Lv 19,15). Mais des institutions humanitaires venaient s'ajouter à ce réseau législatif pour la protection des faibles.

b. *Des institutions humanitaires*

Le sabbat, l'année sabbatique des terres, l'année de la Remise, le Jubilé, le « rachat » et la dîme triennale sont expressément reliés par la Bible à la protection des pauvres.

---

20. de Vaux *op.cit.* t. I, p. 263.

Quelle que soit son origine[21], le sabbat compte certainement parmi les plus anciennes institutions religieuses d'Israël où il constitue une sorte de «dîme sur le temps»[22]. Rattaché à la création en six jours par Ex 20,11, il est plutôt relié à la libération d'Egypte par Dt 5,12-15 qui y voit aussi un motif humanitaire : «Ainsi, comme toi-même, ton serviteur et ta servante pourront se reposer.» Dans Ex 23,12, ce but humanitaire passe au premier plan : «Six jours, tu feras ce que tu as à faire, mais le septième jour, tu chômeras, afin que ton boeuf et ton âne se reposent et que le fils de ta servante et l'émigré reprennent leur souffle.» Le sabbat n'est donc pas, en Israël, un tabou temporel ni une superstition quant à un jour prétendument néfaste. Il est inhumain de travailler sans relâche et le sabbat commande un repos semblable à celui de la libération d'Israël, après l'esclavage égyptien, ou celui du repos de Dieu, après avoir fabriqué le ciel et la terre.

Le Code de l'Alliance prévoit qu'on devra, chaque septième année, laisser en jachère les champs, les vignes et les oliveraies, dont on abandonnera sur place les produits spontanés, qui serviront à la subsistance des indigents (Ex 23,10-11). Cette loi provient probablement d'une intuition de la nécessité d'un repos pour le sol. C'est ce que semble surtout mettre en évidence (Lv 25,5) le Code de sainteté qui a la même prescription (Lv 25,1-7.20-22). Mais on profite de cette institution pour signifier les droits de Dieu sur la terre et accorder un bienfait aux pauvres. Il serait hasardeux d'aller plus loin et affirmer que la propriété foncière n'était que provisoire. Cette loi, en tout cas, était sûrement observée en Israël, au moins à une époque tardive : «Ils n'avaient pas de vivres pour soutenir le siège, car c'était une année sabbatique accordée à la terre» (1 M 6,49).

Lorsque la civilisation israélite s'est davantage urbanisée, à l'époque royale, le Code deutéronomique, toujours soucieux de réadaptation et de réinterprétation, a étendu l'antique prescription du repos sabbatique des terres au secteur économique et

---

21. Voir l'exposé des principales hypothèses dans de Vaux *Les institutions de l'Ancien Testament* t. II Paris Cerf (1960) 371-377.
22. de Vaux *op.cit.* t. II p. 378.

commercial. C'est ainsi que Dt 15,1-3 prévoit qu'il faudra, tous les sept ans, que les créanciers renoncent à leurs droits. Le texte ne dit pas s'il s'agit d'une renonciation provisoire ou définitive, totale ou partielle. Mais on en saisit l'esprit par le contexte : il ne doit plus y avoir de pauvres en Israël (Dt 15,4). C'est l'idéal à viser, au-delà du fait que la présence de pauvres est inévitable dans les faits (Dt 15,11). Le Seigneur a été si bon et si généreux envers son peuple, dont il ne peut vouloir que le plein bonheur, que la présence de pauvres dans le pays constitue un phénomène anormal et illogique par rapport aux desseins divins (Dt 15,4-6). Devant ce phénomène, les Israélites doivent éviter toute mesquinerie et imiter la générosité de leur Dieu (Dt 15,7-8). L'année sabbatique de remise des dettes doit être prise au sérieux et rappelée solennellement tous les sept ans avec la lecture rituelle de la Loi (Dt 31,10-11), malgré les difficultés concrètes que peut susciter son application (Dt 15,9).

La Loi de Sainteté, dans Lv 25,8-54, parle de l'année du Jubilé[23]. Cette année, la cinquantième année après sept cycles de sept ans, est censée restituer chaque terre à son propriétaire primitif et leur liberté à tous les esclaves. On voit d'ici quelles invraisemblables complications entraîne une telle institution : une terre ou un esclave à vendre valent plus ou moins cher selon qu'on est plus ou moins près du Jubilé, parce qu'on pourra les exploiter plus ou moins longtemps ! En fait, « on n'a aucun indice que la loi ait jamais été appliquée » et elle semble tout simplement proposer « un idéal de justice et d'égalité sociale qui n'a jamais été réalisé »[24]. Lv 25, cependant, parle, à l'occasion des prescriptions du Jubilé, du « droit de rachat » (vv. 24-34 et 47-54), et ce droit n'a rien de purement utopique, lui. Si un pauvre a dû se vendre en esclavage pour rembourser son créancier ou si un propriétaire a dû, par nécessité, laisser aller son patrimoine, la loi prévoit que

---

23. Le mot français « Jubilé » vient de l'hébreu « yôbel » qui veut dire « trompe ». L'ouverture de cette année exceptionnelle doit se faire au son de la trompe (Lv 25,9).
24. de Vaux *op.cit.* t. I pp. 268-269.

son plus proche parent pourra racheter[25] sa liberté ou son patrimoine. Si ce parent le plus proche renonce à son droit ou se dérobe à son devoir, celui qui le suit dans l'ordre de parenté peut effectuer le rachat à sa place. Cette législation, que le peuple d'Israël a élaborée et appliquée de façon toute spéciale par rapport à ses voisins, souligne la solidarité nécessaire pour que, dans une société donnée soient combattues les conséquences de la pauvreté ou des mauvais coups du sort[26].

La dîme triennale constitue, enfin, une autre façon concrète de venir en aide aux déshérités. C'est le Code deutéronomique qui en parle (Dt 14,28-29 ; 26,12-15) afin que la centralisation du culte à Jérusalem, commandée par lui, ne porte pas préjudice aux pauvres qu'aidaient les sanctuaires locaux. Tous les trois ans, la dîme de chaque village restera dans ce village au lieu d'aller au sanctuaire central de la capitale (Dt 14,28-29), mais on devra faire une déclaration à Jérusalem (Dt 26,12-15), afin de permettre que l'accomplissement local de ce devoir national soit bien contrôlé.

Conclusion

La Loi de Moïse constitue donc un vrai « droit des pauvres ». Plus encore que ses voisins de Mésopotamie, d'Egypte et d'Ugarit, Israël, par ses trois principaux codes législatifs, a voulu protéger les démunis et assurer des institutions humanitaires. L'étranger, l'orphelin, la veuve, le Lévite, le débiteur, l'esclave et le petit salarié possèdent certaines garanties légales contre le pire. Le sabbat, l'année sabbatique des terres, l'année de la remise des dettes, l'idéal proposé par le Jubilé ainsi que les actions concrètes commandées par le droit de rachat et la dîme triennale

---

25. Ce verbe a d'abord cette connotation socio-économique dans la Bible. Il passe ensuite dans la langue religieuse et Yahvé devient le « racheteur » (« goël » en hébreu) des opprimés et de son peuple (cf. par exemple, Jb 19,25 et Is 41,14 ; 43,14 ; 44,6.24 ; 49,7 ; 54,5). A travers saint Paul surtout, c'est de là que vient le vocabulaire chrétien de la « Rédemption ». Voir, pour un bon résumé, S. Lyonnet art. *Rédemption* dans X. Léon-Dufour *Vocabulaire de théologie biblique* Paris Cerf (1970) 1078-1085.
26. On pourra lire dans S.W. Baron *Histoire d'Israël Vie sociale et religieuse* t. I Paris PUF (1956) 89-97 dans quel contexte de difficultés économiques ce droit de rachat a été exercé au temps des rois et des prophètes.

constituent autant d'occasions de combler l'inévitable, mais scandaleux, fossé entre riches et pauvres. A quoi servent des lois, cependant, si les consciences, individuelles et collectives, ne les prennent pas au sérieux ? C'est à l'éveil des consciences que se consacreront les prophètes en devenant « la voix des pauvres ».

II- « Les prophètes » ou la voix des pauvres

Face aux problèmes sociaux du peuple d'Israël, les prophètes bibliques ont été des hommes de leur temps, des éveilleurs de conscience et des témoins de l'espérance. Fortement sensibilisés aux abus des sociétés où ils vivaient, ils ont considéré qu'ils devaient, en conscience, proclamer tout haut que la volonté de Dieu était tout autre, dénoncer partout l'inconscience de ceux qui auraient pu changer la situation, tourner les regards de tous vers un avenir de justice.

1. *Des hommes de leur temps*

Le prophétisme biblique remonte très haut. Abraham n'est sans doute appelé « prophète » (Gn 20,7) que par attribution posthume et Moïse (Dt 18,15) n'est devenu « le prophète par excellence » que dans la tradition deutéronomique. Mais il reste qu'on voit déjà des groupes prophétiques organisés au temps de Samuel (1 S 10,5-12), suivant le modèle, semble-t-il, des guildes d'exaltés qu'on trouvait chez les Cananéens (1 R 18,20-40). Le prophétisme biblique se distingue toutefois de ces bandes extatiques (Am 7,14 montre bien comment un vrai prophète prenait ses distances face aux « frères-prophètes ») et, toujours dans des perspectives religieuses cependant, s'implique dans les problèmes politiques[27] et sociaux du peuple d'Israël. Sous

---

27. Sur ce point précis, qu'il nous faut laisser de côté ici, voir P.-E. Dion *Le rôle de la foi yahviste dans la vie politique d'Israël* dans *Science et Esprit* 26 (1974) 174-186 ; S. Amsler *Les prophètes et la politique* dans *Revue de théologie et de philosophie* 23 (1973) 14-31 ; et H. Cazelles *Bible et politique* dans *Recherches de sciences religieuses* 59 (1971) 497-530.

Salomon et, sous Achab, aux dixième et neuvième siècles, les prophètes Ahiyya (1 R 11,26-40) et Elie (1 R 17-22) constituent déjà une redoutable opposition, cherchant à infléchir les politiques royales. Pourtant, ce n'est qu'à compter du huitième siècle que se multiplièrent les grands noms du prophétisme d'Israël, dont la Bible témoigne par de nombreux écrits : Amos, Osée, Isaïe et Michée, d'abord ; puis, Sophonie, Nahum, Habaquq et Jérémie, au septième siècle ; Ezéchiel et l'auteur du Second-Isaïe (40-55) en relation directe avec l'Exil, au sixième siècle ; Aggée, Zacharie, Abdias, Joël et les auteurs du Troisième-Isaïe (56-66), Jonas et Malachie, après l'Exil[28].

On voit, par cette simple suite chronologique, que, jusqu'au temps des Maccabées où le prophétisme se taira tragiquement (1 M 4,46 ; 9,27 ; 14,41), les prophètes bibliques se sont fait entendre surtout quand Israël s'éloignait de son idéal primitif : quand les rois et les puissants, par confiscations ou transactions, devenaient les grands propriétaires d'une terre qui, à l'origine, n'appartenait qu'à Dieu seul ; quand les corvées, les taxes, les fraudes de toutes sortes et les prêts usuraires faisaient des pauvres, et les rendaient toujours plus pauvres, jusqu'à les forcer à louer leurs services ou les réduire à l'esclavage ; quand les guerres faisaient et défaisaient des fortunes individuelles. Dans le désordre économique et l'agitation sociale, les prophètes, avec une audace auprès de laquelle les réformes deutéronomiques paraissent presque pâles[29], se sont faits les défenseurs des classes défavorisées. Ces prophètes appartenaient parfois à l'aristocratie même qu'ils avaient à dénoncer, comme Isaïe, Sophonie et Jérémie, et c'était là un signe des temps : «Que les membres les plus réfléchis des classes privilégiées aient embrassé la cause des déshérités, ce phénomène annonça, alors comme souvent ensuite, la ruine de l'ordre existant »[30]. D'ailleurs, «pour les prophètes,

---

28. Le Livre de Daniel, absent de la suite chronologique fournie ici, ne fait pas partie des écrits prophétiques, mais des «Autres Ecrits», pour la Bible hébraïque.
29. Cf. l'excellente comparaison entre la réaction sacerdotale et la réaction prophétique, face aux problèmes sociaux, faite par H. Eberhard von Waldow *Social Responsability and Social Structure in Early Israel* dans *Catholic Biblical Quaterly* 32 (1970) 182-204.
30. S.W. Baron *op.cit.* p. 115.

l'injustice sociale constitue une des principales raisons de l'avènement du jugement de Yahvé »[31].

Le prophète biblique n'est donc pas ce simple « prédiseur » d'avenir auquel on est trop porté à le réduire. Dans notre langage courant, le prophète est une « personne qui prédit l'avenir », comme dit le « petit Robert ». Mais, dans le langage biblique, le prophète n'annonce l'avenir qu'à l'intérieur d'une fonction beaucoup plus vaste qui fait de lui un véritable trait d'union entre la volonté de Dieu et la vie du peuple. Le mot « nabi », pour désigner le prophète en hébreu, se rattache, selon certains, au verbe « bouillir »; selon d'autres, au verbe « parler »; ou, d'après la plupart, au verbe « appeler ». Théologiquement, sinon étymologiquement, tout le monde a raison puisque le prophète est « appelé » pour « parler »[32] et « bouillonne » intérieurement, tant et si bien qu'il ne peut se taire (Am 3,8) car la parole est en lui « comme un feu dévorant enfermé dans les os » (Jr 20,9). En grec, le mot « prophétès », par lequel la Septante rend systématiquement le mot « nabi », vient du mot « phétès » qui veut dire « celui qui parle ». Mais le « pro » qui le précède n'a pas un sens temporel : il ne s'agit donc pas de « celui qui parle à l'avance ». Pour les uns le sens de « pro » est plutôt substitutif et il faudrait entendre : « Celui qui parle à la place de (Dieu) ». Pour les autres, il faut plutôt penser au « pro » local et il s'agirait alors de « celui qui parle devant (le peuple) ». Mais là encore, théologiquement du moins, tout le monde a raison puisque le prophète parle[33] « devant le peuple »[34] et « au nom de Dieu »[35].

---

31. H. Eberhard von Waldow *art.cit.* p. 203.
32. Cf. les récits de vocation prophétique (Is 6,1-12; Jr 1,4-10; Ez 2,1-9) où toujours une « voix » se fait entendre au prophète, une « main » transforme sa « bouche » et une même mission est confiée : « va et dis » ou « va parler ».
33. Les prophètes, même ceux qu'on appelle abusivement « prophètes-écrivains », ne sont pas d'abord des auteurs. Ils ont prêché et des notes de leurs prédications ont été conservées en Israël et consignées dans la Bible.
34. Le peu que nous savons de la vie des prophètes nous les montre sur la place publique : Amos au sanctuaire de Béthel (Am 7,10-17), Isaïe aux côtés d'Ezéchias comme un véritable héros national (Is 36-39; 2 R 18,13-20,19), Jérémie au Temple (Jr 7,1-15).
35. C'est la conviction qui, à la suite d'une prise de conscience et d'une expérience

Fortement engagés dans les luttes de leur temps et les problèmes sociaux de leur milieu, les prophètes bibliques ne peuvent cependant pas être considérés comme des « socialistes »[36] ou des « révolutionnaires »[37] au sens strict et moderne de ces mots.

« Les prophètes ont été profondément attentifs à la réalité historique de leur temps et ne purent pas s'en tenir à l'écart, mais ils se sont conformés à la volonté d'un Dieu qui apparaissait d'abord comme Juge et Rédempteur. Et, parce que la volonté de Dieu n'admet aucun compromis, ils ont perçu, plus que personne, l'aveuglant contraste entre la manière de vivre que Dieu exigeait d'Israël et celle qui résultait d'un compromis avec la religion de la nature de Canaan »[38]. La lutte des prophètes, même si elle mérite à la Bible d'être appelée « le livre des grandes revendications sociales »[39], se définit bien mieux comme prolongement social de la Révélation que comme précurseur socialiste de la Révolution.

2. *Des éveilleurs de conscience*

Les prophètes ne voulaient pas prendre le pouvoir ! S'ils dénonçaient la corruption générale des moeurs sociales et les graves manquements des gouvernants, des tribunaux et du

---

d'intimité avec Dieu, se redit sans cesse dans les écrits prophétiques par le « Ainsi parle Yahvé ».

36. Cf. les remarques sévères de R. Tournay dans *Revue biblique* (1958) 610-612 contre C. Tresmontant *La doctrine morale des prophètes d'Israël* Paris (1958) qui, selon Tournay, déforme tout à la fois le prophétisme biblique et l'histoire de l'Eglise.

37. Cf. E. Jacob *Les prophètes bibliques sont-ils des révolutionnaires ou des conservateurs ?* dans *Christianisme social* LXX 5-6 (mai-juin 1963) 287-297.

38. N.W. Porteous *The Basis of the Ethical Teaching of the Prophets* dans *Studies in Old Testament Prophecy* (Festschrift T.H. Robinson sous la direction de H.H. Rowley) New York Charles Scribner's Sons (1950) 143-156.

39. Jean Jaurès cité par L. Ramlot *article « Prophétisme »* dans *Supplément au dictionnaire de la Bible* VIII (1971) 1099. Au sujet des prophètes face aux réalités sociales de leur temps, on lira avec grand profit les colonnes 1099-1104.

clergé, ce n'était pas pour instaurer un nouveau régime où eux-mêmes seraient chefs, juges ou prêtres. Les prophètes ne constituaient pas «l'Opposition». Ils interpellaient, avec une égale véhémence, tous ceux qui ne respectaient ni l'Alliance ni les droits égaux devant Dieu de tous les fils de cette Alliance.

C'est le climat social que les prophètes ne peuvent plus supporter, un climat qui fait qu'on ne peut plus se fier à personne puisque «chacun traque son frère» (Mi 7,2-6) et que les complots fusent de partout (Os 7,3-7). Il faut dire qu'au temps de Michée et Osée, l'assassinat est devenu la voie presque normale d'accession au trône et la désintégration sociale atteint un niveau rarement égalé[40]. Mais, un siècle plus tard, Sophonie appelle ses contemporains «engeance de Canaan» (1,11), Habaquq ne voit encore que «rapine et violence» (1,3) et Jérémie traite le peuple de «ramassis de traîtres», commettant «méfait sur méfait... brutalité sur brutalité, tromperie sur tromperie» (9,1-8). De fait, depuis l'installation en Canaan et l'instauration d'une société sédentaire et monarchique, chacun ne pense plus qu'à lui-même, alors qu'Israël devrait être peuple et communauté. Les femmes «vont à pas menus en faisant sonner les grelots de leurs pieds» (Is 3,16-24) et les hommes «courent après les boissons fortes et, jusque tard dans la soirée, ils s'échauffent avec le vin» (Is 5,11). Le climat social n'est pas à l'entraide, au partage et à la fraternité. Au contraire, «les gens du pays pratiquent la violence, commettent des rapines; on exploite les malheureux et les pauvres; on fait violence aux émigrés, contre leur droit» (Ez 22,29). La corruption est générale dans tout le peuple, mais, aux yeux des prophètes, ceux qui occupent des fonctions importantes sont d'autant plus coupables qu'ils trahissent leur mission essentielle: «Les ministres sont des lions rugissants; les juges, des loups au crépuscule qui n'ont plus rien à ronger au matin; les prophètes[41] sont des vantards, des tricheurs; les prêtres ont

---

40. Cf. l'excellente description, juste et concise, de J. Bright *A History of Israel* Philadelphia Westminster Press (1974) 256-263.
41. Il s'agit manifestement de ceux qu'on appelle les «prophètes de cour» qui, dans l'entourage du roi, se montrent parfois complaisants, flatteurs et conformistes (cf. 1 R 22, 5-12), contre rémunération proportionnée et gagne-pain garanti.

profané ce qui est sacré, ils ont violé la loi » (So 3,3-4 ; cf. Mi 3,11 ; Jr 2,8.26).

Le devoir du roi, de ses ministres et des chefs de la nation en général consiste principalement à veiller au juste partage des biens. On s'attendrait normalement à ce qu'ils comprennent ce que «les petites gens» oublient trop facilement et qu'ils «connaissent, eux, la voie de Yahvé et le droit de leur Dieu», mais «eux aussi ont brisé le joug et rompu les liens» (Jr 5,4-5), en disant à Dieu : «Je ne servirai pas» (Jr 2,20). Ils sont devenus des exacteurs d'impôt «écrasant le faible jusqu'à lui prendre un tribut sur son blé» (Am 5,11 ; cf. Ne 5,1-5). Par leurs injustices, ils se ravalent eux-mêmes au niveau de «déplaceurs de bornes» (Os 5,10 ; cf. Dt 19,14) et méritent d'être «traduits en justice» par Yahvé en personne (Is 3,14). Ils ne sont que des «législateurs de législations impies» (Is 10,1-2) qui «déchirent le peuple comme chair en marmite et viande en plein chaudron» (Mi 3,3). Dans une double diatribe contre deux rois de son temps, Jérémie (22,13-30) accuse Joiaqîm d'avoir « bâti son palais sur l'injustice » et «fait travailler pour rien son prochain», — ce pour quoi il aura «l'enterrement d'un âne» — et il traite Joiaqîn de «vil ustensile cassé dont personne ne veut». C'est unanimement que les grandes traditions prophétiques de l'Ancien Testament condamnent les «pasteurs»[42] d'Israël : ils sont «stupides» (Jr 10,21), «le vent les enverra paître» (Jr 22,22), ils sont responsables de la dispersion du troupeau que Yahvé devra prendre lui-même en charge à leur place (Jr 23,1-2 ; Ez 34,1-30), ils sont, pour le troupeau, «des chiens muets, incapables d'aboyer» ou «des chiens voraces et insatiables, des bergers qui ne comprennent rien» (Is 56,9-12). Aux yeux des prophètes, Israël a commis une erreur le jour où il a abandonné sa vie tribale et décentralisée pour se donner un roi «comme les autres nations» (1 S 8,5 ; cf. 8,10-22, sur les inconvénients de la royauté) : «Où est-il maintenant ton roi, qu'il te sauve ? tes chefs, qu'ils te protègent ? ceux-là dont tu disais : Donne-moi un roi et des chefs ? » (Os 13,10).

---

42. L'image du pasteur pour désigner le roi et, par extension, tous les chefs de la nation est courante au Moyen-Orient. En plus de nombreux passages bibliques, on en trouve des mentions en Assyrie, en Babylonie et dans la littérature homérique.

On pourrait espérer, au moins, que le pouvoir judiciaire s'applique à «donner raison à qui a raison et tort à qui a tort» (Dt 25,1), sans faire entrer en ligne de compte la condition financière ou sociale du demandeur ou du défendeur. Mais les juges sont «avides de pots-de-vin» (Is 1,23; cf. Mi 3,11; 7,3), «changent le droit en poison et jettent à terre la justice» (Am 5,7; cf. 5,12; 6,12), en allant jusqu'à «vendre le pauvre pour une paire de sandales (Am 2,6; 8,6).

Les prophètes de cour, quant à eux, «pratiquent la divination pour de l'argent» (Mi 3,11) et, «s'ils ont quelque chose entre les dents, ils proclament la paix, mais à qui ne leur met rien dans la bouche, ils déclarent la guerre sainte» (Mi 3,10; cf. Ez 13,10.16). Les chefs et le peuple aiment ne s'entendre annoncer que ce qui fait leur affaire, et les prophètes de cour ne manquent de flatter les gens dans ce sens: «S'il pouvait y avoir un inspiré (ou: «homme courant après le vent») qui forge le mensonge de prophétiser vin et boisson, il serait le prophète de ce peuple-là» (Mi 2,11). Jérémie (23,9-40) s'en prend avec violence à ces prophètes «qui ont la langue enjôleuse pour débiter... songes fallacieux, faussetés et balivernes». Dans un contexte d'agitation sociale, la lutte entre prophètes de cour et prophètes de vocation a dû être particulièrement dure et pénible en Israël. La Tradition et les événements nous permettent aujourd'hui de distinguer les «vrais prophètes» des «faux prophètes». Mais, au moment où les polémiques avaient cours[43], la distinction n'était pas facile à faire et les critères[44] n'avaient, pas plus qu'aujourd'hui, rien d'automatique.

---

43. Cf., par exemple, l'altercation entre Hananya et Jérémie dans Jr 28.
44. La préoccupation de distinguer entre vrais et faux prophètes s'exprime explicitement pour la première fois dans Dt 13,2-6 qui déclare nécessairement faux prophète, malgré ses signes et prodiges, celui qui invite le peuple à servir d'autres dieux. Plus loin, dans Dt 18,20-22, l'accomplissement de la parole du prophète est exigé comme critère de son authenticité. Mais, pour Jr 28,8-9, le prophète qui annonce le malheur n'a pas besoin qu'on applique ce critère à sa parole, sans doute parce qu'il a, par le fait même, dénoncé le péché, source de tout malheur, et que cela suffit à le dire envoyé de Dieu.

Les prêtres, dont le premier devoir est d'enseigner la Loi avant même de s'occuper du culte (Dt 32,10), auraient dû normalement s'appliquer à faire respecter le droit des pauvres. Mais ils ont perdu la connaissance de Dieu (Am 4,4-11) et ressemblent à «des bandits en embuscade» (Am 6,9). Leur recherche de l'argent (Mi 3,11 ; Jr 6,13) va rejoindre la vénalité des juges et la simonie des prophètes de cour. Leur attitude encourage l'hypocrisie religieuse qui multiplie inutilement (Os 8,11-13) les holocaustes au lieu de faire « couler le droit comme de l'eau et la justice comme un torrent qui ne tarit pas » (Am 5,21-27). Isaïe (1,10-20) et Jérémie (7,1-28), eux-mêmes de souche sacerdotale, avertissent solennellement les prêtres et les fidèles que la situation ne pourra pas durer, mais leur appel n'est pas entendu et Jérémie risque même la peine de mort pour avoir prédit la destruction du Temple (Jr 26), devenu «caverne de voleurs» (Jr 7,11). L'auteur du Livre de Malachie est tellement excédé par l'infidélité des prêtres qu'il qualifie de «fumier» (2,3) un culte rendu avec de si lamentables dispositions d'esprit.

Le climat social, la corruption des chefs, la vénalité des juges, la simonie des prophètes de cour et la connivence des prêtres encouragent donc l'insatiable avidité des riches. Le paupérisme est à peu près permanent au temps des prophètes pré-exiliques. Ceux-ci dénoncent violemment les classes aisées parce qu'elles ne prennent même pas conscience de la misère qui les entoure. Tandis que les pauvres crèvent de faim et n'ont plus même un toit pour leur famille, les riches, « couchés sur des lits d'ivoire et vautrés sur leurs divans, se régalent de jeunes béliers et de veaux choisis dans les étables. Ils improvisent au son de la harpe et chantent, comme David, leurs propres cadences, buvant leur vin à même les coupes et se frottant d'huiles exquises, mais de la ruine du peuple (litt. : Joseph), ils ne se soucient guère » (Am 6,4-6). Il leur suffit de rester «gros et gras» (Jr 5,27), «de remplir leur ventre» (Ez 7,19) et de ressembler à ces «vaches de Bashân» auxquelles Amos (4,1) assimile les femmes riches et jouisseuses qui vivent sans soucis sur la montagne de Samarie. Ils ont «maison d'ivoire et maison d'ébène» (Am 3,15)[45] ainsi que «maisons en pierre de taille» entourées de «vignes de choix»

(Am 5,11). Condamnant les lamentables excès de cette société pré-capitaliste, Isaïe s'écrie : « Malheur à ceux qui ajoutent maison à maison et joignent champ à champ au point de prendre toute place et de rester les seuls habitants du pays » (5,8). Bâties sur la fraude, avec « balances, mesures et monnaies faussées » (cf. Am 8,4-6 ; Mi 6,9-12 ; Os 12,8), ces fortunes conduisent leurs possesseurs à la ruine et réduisent le peuple à l'esclavage (Mi 2,9-10 cf. Jr 34,8-22). Les prophètes essaient de faire prendre conscience des conséquences désastreuses de cette course à l'argent. Mais, en vain.

L'establishment, qu'il soit économique, sacerdotal ou politique, met tout en oeuvre pour obliger les prophètes à se taire. Amasias, le prêtre-recteur du sanctuaire de Béthel, accuse Amos de conspiration contre l'Etat et l'expulse du temple royal en essayant de le ravaler au niveau des prophètes de métier (Am 7, 10-17). Un texte d'Isaïe dit bien l'attitude des possédants et des favorisés face aux avertissements prophétiques : « Ils disent aux voyants : « Ne voyez pas » et aux prophètes : « Ne nous prophétisez pas des choses justes. Dites-nous plutôt des choses agréables et prophétisez-nous des chimères » (30,10). La figure de Jérémie reste le plus tragique témoignage du refus d'entendre : « Homme contesté et contredit » (15,10), il est menacé par sa propre famille (11,18-19.21 ; 12,6), il est attaché au pilori par le recteur du Temple (20,2), il évite de justesse la condamnation à mort (26,1-19), il est enfermé dans la cour de garde (32,2 ; 33,1 ; 37,21 ; 38,28), il doit parfois fuir comme un hors-la-loi (36,19.26), ses écrits sont brûlés en autodafé (36,23), il est interdit de séjour au Temple (36,5), il croupit dans le fond boueux d'une citerne désaffectée qu'on lui impose comme cachot (37,16 ; 38,6)... Il est vrai que des prises de position qu'on pourrait juger politiques venaient compliquer la situation de Jérémie, mais il dénonçait en substance les mêmes abus, les mêmes injustices et les mêmes

---

45. Il faut probablement comprendre « maison contenant des ivoires ». Quant à « ébène », la traduction est conjecturale. Il reste cependant acquis, pour l'archéologie, que Samarie, dont parle ici Amos, surtout avec Achab et Jéroboam II, a connu des constructions d'un luxe scandaleux par rapport aux quartiers pauvres.

crimes sociaux que ses prédécesseurs. Ceux qui se liguent contre lui sont les dignes successeurs d'Amasias et Jéroboam II. Mais rien n'empêchera les prophètes de prêter leur voix aux pauvres et aux démunis. Leur espérance est indéfectible.

3. Des témoins de l'espérance

A voir les prophètes dénoncer ainsi les abus d'une société pré-capitaliste corrompue par l'inconscience et l'appât du gain, on pourrait croire qu'ils n'ont été que des prophètes de malheur. Pourtant, sur le sombre horizon des conséquences prochaines de l'injustice sociale, ils voyaient se profiler pour le peuple le jour de la libération. Jugeant, à toutes fins utiles, désastreuse pour la nation l'expérience de la monarchie et déçus de la plupart des rois autant en Israël qu'en Juda, les prophètes, pour qui seul Yahvé est roi, ont proclamé qu'un jour et peut-être bientôt, Yahvé lui-même prendrait directement en charge son peuple en lui donnant un roi parfaitement fidèle.

Pour Isaïe (11,1-5), ce roi, qui sortira «de la souche de Jessé» comme un nouveau David (cf. 1 S 16,1)[46], sera doté de multiples charismes (11,2), mais sa principale gloire sera de «faire droit aux miséreux et rendre un jugement juste en faveur des pauvres dans le pays» (11,4). Il accomplira donc ce que les psaumes royaux, surtout Ps 72, considèrent devoir être la première mission d'un vrai roi : «délivrer le pauvre qui appelle et les humbles privés d'appui, prendre souci du pauvre et du faible, sauver la vie des pauvres, les défendre contre la brutalité et la violence en donnant cher de leur vie» (Ps 72,12-14). Avant que ne vienne ce roi parfait mais lointain, certains «signes», comme celui de la naissance du roi Ezéchias, «l'Emmanuel» d'Is 7,10-17 et 9,5-6, seront donnés à l'espérance des pauvres d'Israël. Mais le prince messianique ne viendra qu'«aux temps où enfantera celle qui doit enfanter» (Mi 5,2) pour faire surgir le nouveau David de Bethléem Ephrata.

---

46. « L'allusion au père de David nous incite à penser qu'Esaïe ne pense pas simplement à un Oint qui s'assiéra sur le trône de David dans l'avenir, mais plutôt à un nouveau David...» — G. von Rad *Théologie de l'Ancien Testament* (trad. de l'all.) t. II Genève Labor et Fides (1967) 146.

C'est alors que tous les affamés du pays pourront se nourrir gratuitement et à satiété : « Vous tous qui êtes assoiffés, venez vers les eaux, même celui qui n'a pas d'argent, venez. Demandez du grain, et mangez ; venez et buvez — sans argent, sans paiement — du vin et du lait » (Is 55,1). Cet oracle du Trito-Isaïe, qui vise sans doute le pain de l'enseignement de Dieu (cf. le verset 2), exprime quand même la féconde utopie d'un monde où l'argent ne sera pas la première valeur des hommes et ne sera nullement nécessaire à l'acquisition de l'essentiel.

On voit se profiler la figure mystérieuse de celui qui procurera aux défavorisés d'Israël un soulagement semblable à ce que prévoyait pour les esclaves la législation de l'année sabbatique (Ex 21,2 ; Dt 15,12) ou de l'année jubilaire (Lv 25,10) :

« L'Esprit du Seigneur Dieu est sur moi :
le Seigneur, en effet, a fait de moi un messie,
il m'a envoyé porter joyeux message aux humiliés,
panser ceux qui ont le coeur brisé,
proclamer aux captifs l'évasion,
aux prisonniers l'éblouissement,
proclamer l'année de la faveur du Seigneur,
le jour de la vengeance de notre Dieu,
réconforter tous les endeuillés,
mettre aux endeuillés de Sion un diadème,
oui, leur donner ce diadème et non pas de la cendre,
un onguent marquant l'enthousiasme, et non pas le deuil,
un costume accordé à la louange, et non pas à la langueur. (Is 61,1-3)

On entend déjà la clameur qui accueillera le roi pauvre du pauvre peuple : « Tressaille d'allégresse, fille de Sion ! Pousse des acclamations, fille de Jérusalem ! Voici que ton roi s'avance vers toi ; il est juste et victorieux, humble, monté sur un âne, sur un ânon fort jeune » (Za 9,9).

Conclusion

Hommes de leur temps pour remplir, auprès de leurs contemporains, une mission d'éveilleurs de conscience, les prophètes ont prêté leur voix aux pauvres pour secouer la léthargie des principaux responsables de l'injustice sociale et ils ont été les porte-parole de Dieu en se faisant les témoins de l'espérance d'Israël en un avenir de justice. Leur lutte fut dure, mais elle préparait « la joie des pauvres ».

III- « Les Autres Ecrits »[47] ou la joie des pauvres

Il nous reste à découvrir une dimension plus subtile et moins souvent abordée[48] de la façon dont s'est exprimée l'espérance des pauvres dans l'Ancien Testament. Il s'agit de la joie que l'homme peut garder, même au sein de la pauvreté. Ce thème se retrouve surtout dans les livres sapientiaux et les psaumes.

1. *La joie des pauvres dans les écrits sapientiaux*

Les Sages d'Israël ont souvent la mauvaise réputation d'avoir été très durs à l'égard des pauvres. On rappelle qu'ils attribuent parfois la pauvreté à la paresse et à l'inconscience. Par exemple, Pr 24,30-34 fournit ironiquement une sorte de recette à qui veut absolument devenir pauvre : « Un peu dormir, un peu somnoler, un peu s'étendre les mains croisées, et, tel un rôdeur, te viendra la pauvreté » (repris en Pr 6,10-11). Pour Pr 6,6-9, c'est la fourmi qu'il faut imiter, si on veut éviter la disette. Le principe est simple : « Main nonchalante appauvrit, main diligente enrichit » (Pr 10,4). L'inconscience est également bon guide sur la voie de l'indigence : « L'amateur de plaisir est voué au dénuement. Qui aime la vie et la bonne chère ne s'enrichit pas » (Pr 21,17), « car, qui boit et se gave, tombe dans la misère, et la somnolence habille de haillons » (Pr 23,21). Qui veut éviter ou corriger une situation de misère n'a qu'à s'instruire (Pr 13,18) ou cesser de boire (Si 19,1) !

---

47. La Bible hébraïque regroupe sous ce terme des livres appelés « historiques » (Rt, Est, Esd, Ne, 1 Ch et 2 Ch) ou « prophétiques » (Lm, Dn) par les chrétiens ainsi que les Psaumes et des livres sapientiaux (Jb, Pr, Ct et Qo). Ce sont surtout les Psaumes et les livres sapientiaux de la Bible hébraïque qui entreront ici en ligne de compte. On pourra, cependant, y ajouter des références à Sg et Si qui sont des livres sapientiaux importants et à Tb dont le caractère sapiential est évident.
48. Sauf en ce qui est des psaumes.

Après les plaidoyers enflammés des prophètes en faveur des pauvres, on se sent un peu mal à l'aise face à ces durs jugements des Sages. Mais, le contexte n'est plus du tout le même : le prophète a un parti-pris pour le pauvre, le Sage est plus réaliste et nuancé. Le prophète, dans le feu de l'action, compromettrait le réveil des consciences qu'il veut provoquer, s'il faisait des concessions et se mettait à reconnaître que les pauvres ont aussi leurs torts. Le Sage, lui, tâche de réfléchir calmement et de mettre chaque chose à sa place. Dans cette perspective, le Sage doit à la vérité de reconnaître que certains pauvres le sont par leur propre faute.

Les Sages reconnaissent d'ailleurs tout aussi objectivement qu'on peut être « pauvre et honnête » (Pr 19,1 ; 28,6) ou encore « pauvre et sage » (Qo 4,13). Pour eux, ni richesse ni pauvreté ne sont automatiquement bonnes : « La richesse est bonne quand elle est sans péché, mais c'est au dire de l'impie que la pauvreté est mauvaise » (Si 13,24 ; cf. Pr 30,8). De toute façon, au-delà même de ces affirmations, leur attitude générale envers les pauvres est faite de compréhension, de souci de justice et d'invitation au partage.

Les Sages font preuve de très grande compréhension à l'égard du pauvre et de la situation qui partout le défavorise. « L'indigent est haï même de son camarade, mais les amis du riche sont nombreux » (Pr 14,20 ; cf. Pr 19,4.6.7 ; Si 13,21). Ben Sira a analysé avec beaucoup de perspicacité la continuelle discrimination que la société exerce contre le pauvre : « Le riche commet une injustice, et c'est lui qui se fâche ! Le pauvre en subit une, et il doit en plus s'excuser (13,3)... Que le riche se trompe, beaucoup viennent à son secours. S'il profère des sottises, on lui donne raison. Mais, si l'humble se trompe, on lui en fait reproche et, s'il dit des choses sensées, on n'en fait aucun cas » (13,22 ; cf. 13,23 ; Qo 9,16).

Les Sages, qui ont pitié des débiteurs réduits en esclavage (Pr 22,7) et des étrangers humiliés (Pr 22,21-28), s'indignent du fossé qui sépare riches et pauvres : « Quoi de commun entre le loup et l'agneau ?... Les onagres dans le désert sont le gibier des lions ; ainsi les pauvres sont la pâture des riches ! » (Si 13,15-20). Ils voient la dureté de la condition des pauvres et ne se privent pas de la décrire : « Le pauvre s'échine pour vivre chichement et, s'il se repose, il tombe dans le besoin » (Si 31,4). Loin du mépris ou de l'indifférence, c'est une véritable commisération qu'on trouve dans ces textes.

D'ailleurs, en plus de ces constatations, les appels à la compassion à l'égard des pauvres ne manquent pas chez les Sages : « Qui opprime le faible outrage son Créateur,[49] mais qui a pitié du pauvre l'honore » (Pr 14,31 ; cf. 17,5) et « celui qui a pitié du faible prête au Seigneur, qui le lui rendra » (Pr 19,17). Mais, avec le réalisme qui les caractérise, les Sages rappellent qu'il ne faut pas tomber dans la naïveté et se laisser voler par des exploiteurs : « Beaucoup considèrent un prêt comme une bonne fortune et mettent en difficulté ceux qui les ont secourus. Avant d'avoir reçu, on baise la main des gens, on parle d'un ton modeste des richesses du prochain. Mais, au moment de rendre, on traîne en longueur, on s'acquitte en formules de regret et on accuse les circonstances. Si l'on arrive à payer, à peine le prêteur touchera-t-il la moitié, et il l'estimera comme une chance. Sinon, on l'a dépouillé de son avoir et il s'est acquis un ennemi pour rien, lequel le remboursera en malédictions et en injures et le paiera de mépris au lieu de considération. Beaucoup, sans méchanceté, se refusent à prêter, par crainte de se voir dépouiller pour rien » (Si 29,4-7). Il faut au moins éviter de prêter de l'argent au premier venu ou se porter garant pour de complets inconnus avec qui on n'a aucune relation (Pr 6,1-5 ; 11,15 ; 20,16 ; 27,13). Le principe général des Sages est simple, clair et réaliste en cette matière : « Viens en aide au prochain dans la mesure de tes moyens, mais prends garde à ne pas te laisser prendre » (Si 29,20).

Cette prudence nécessaire n'autorise cependant jamais quelque injustice que ce soit contre le pauvre : « Ne dépouille pas le

---

49. Les écrits sapientiaux établissent souvent un lien entre les pauvres et le Seigneur qui est leur défenseur attitré (Pr 14,31 ; 17,5 ; 19,17 ; 21,13 ; 22,22-23 ; 23-10 ; Si 4,6.10 ; 34,24). Cette caractéristique, qui ne se limite pas à ces passages plus explicites, distingue nettement la Sagesse biblique des autres mouvements sapientiaux du Moyen-Orient ancien.

faible : c'est un faible ! Et n'écrase pas l'homme d'humble condition en justice ; car le Seigneur plaidera leur cause et ravira la vie de leurs ravisseurs » (Pr 22,22-23 ; cf. 31,8-9 ; Si 4,9-10). Aux yeux des Sages, l'injustice contre le pauvre équivaut à un véritable homicide puisqu'on l'empêche alors de trouver sa subsistance : « Le pain des indigents, c'est la vie des pauvres, celui qui les en prive est un meurtrier. C'est tuer son prochain que lui ôter ses moyens de vivre et c'est verser le sang que de priver le salarié de son salaire » (Si 34,25-27 ; cf. Dt 24,6). Cette réflexion de Ben Sira fait bien plus que tout simplement appliquer les exigences de la Loi (Lv 19,13 ; Dt 24,14-15) en matière de remise des salaires. La justice à promouvoir prend ici ses racines dans le respect de la vie et les droits de la personne.

Le partage nécessaire doit dès lors s'effectuer, non pas dans des perspectives légalistes, mais en toute délicatesse et comme une prière. C'est avec diligence qu'on doit répondre aux besoins du pauvre : « Ne fais pas languir les yeux de l'indigent... Ne fais pas attendre tes dons à qui en a besoin » (Si 4,1-3 ; cf. 29,8) et « Ne dis pas à ton prochain : « Va-t-en ! Tu reviendras demain, alors je te donnerai », quand tu as ce qu'il faut » (Pr 3,28). On doit même « faire le bien sans y joindre le blâme, ni mêler aux dons des paroles chagrines » (Si 18,15), car le fait de venir en aide financièrement à quelqu'un n'autorise jamais son bienfaiteur à l'accabler de remarques, de reproches et d'humiliations. De plus, une fois effectué le don, il faut savoir ne plus y penser : « Que ton regard soit sans regrets quand tu fais l'aumône » (Tb 4,7.16) car « Dieu aime qui donne avec joie » (Pr 22,8 LXX ; cf. 2 Co 9,7). Comme déjà le laissait entrevoir la Loi (Ex 23,4-5), même l'ennemi doit être secouru : « Si ton ennemi a faim, donne-lui à manger ; s'il a soif, donne-lui à boire. Ce faisant, tu prendras, toi, des charbons ardents sur sa tête[50]. Mais le Seigneur te le revaudra » (Pr 25,21-22). On aimerait croire que cette bonté doive

---

50. La traduction et l'interprétation de cette partie du verset posent des problèmes particuliers. Le texte hébreu dit littéralement : « Tu *retireras* des charbons ardents (de) sur sa tête », ce qui évoque un soulagement pour l'ennemi sur qui pesait une menace. On comprend alors l'annonce d'une récompense pour ce geste : « Mais le Seigneur te le revaudra ». Le texte grec, au contraire, dit : « Tu *amasseras* des

s'étendre inconditionnellement «à tous les vivants» (Si 7,33), mais des considérations aux accents pharisiens empêchent Ben Sira de faire l'aumône aux pécheurs (12,1-7; cf Ps 125,4-5)[51].

L'aumône[52] constitue, pour les Sages, une véritable prière, toujours exaucée d'avance, une source inépuisable de bénédiction. Dieu veille à rendre le bienfait adressé à un pauvre : «Qui a pitié du faible prête au Seigneur qui le lui rendra» (Pr 19,17)... «Une personne généreuse sera comblée, et qui donne à boire sera lui-même désaltéré» (Pr 11,25)... «Qui a le regard bienveillant sera[53] béni» (Pr 22,9). L'aumône est libération (Si 3,30; 29,12-13; 40,24).

Loin de mépriser les pauvres, les Sages sont donc préoccupés, comme la Loi et les Prophètes, mais d'une autre façon, de leur rendre la joie à laquelle ils ont droit. Ils pourraient dire avec Job: «Je rendais la joie au cœur de la veuve» (29,13). Mais ils voient aussi les limites de la richesse matérielle et se plaisent à souligner les valeurs dont peut se réjouir le pauvre, même s'il a perdu tout le reste[54]. «Celui qui se confie en sa richesse tombera» (Pr 11,28), car «où abondent les biens abondent les parasites» (Qo 5,10), «la satiété du riche ne le laisse pas dormir» (Qo 5,11), toute richesse matérielle, surtout mal acquise, n'est qu' «illusion

---

charbons ardents sur sa tête». S'agirait-il de l'étonnement salutaire provoqué chez l'ennemi par la bonté manifestée? ou de la menace d'une punition divine encore plus grande, si cette bonté ne réussit pas à faire réfléchir l'ennemi? De toute façon, le «Mais le Seigneur te le revaudra» se comprend alors moins bien. Saint Paul (Rm 12,20) cite le proverbe en suivant le texte grec et omet «Mais le Seigneur te le revaudra».

51. A côté de ces restrictions et nuances d'un Ben Sira préoccupé de pureté légale, l'ouverture inconditionnelle de Jésus à tous les humains fait contraste (Mt 5,43-48; Lc 6,27-36).

52. Le mot «aumône» est une innovation de la Bible grecque et des livres tardifs de l'Ancien Testament, surtout Dn, Tb et Si. La Bible hébraïque connaît la chose, comme on l'a vu, mais la langue hébraïque n'a pas de terme particulier pour désigner ce geste. Ce phénomène montre bien la place, plus importante qu'autrefois, que l'aumône a prise dans la piété juive des derniers siècles avant J.-C. Il est révélateur que le mot grec «aumône», dans la Septante, rende, le plus souvent, le mot hébreu «justice».

53. La forme passive renvoie très souvent à Dieu, sans le nommer, et prend parfois une coloration eschatologique.

54. Qu'on ne s'y méprenne pas : il n'y a cependant là aucune exaltation de la pauvreté pour elle-même. Celle-ci reste toujours un mal à combattre.

fugace » (Pr 21,6 ; cf. 23,4-5 ; 28,8 ; Qo 6,2 ; Ps 39,7 ; 49,11) et il est des choses qui ne s'achètent pas avec de l'argent : « Si quelqu'un donnait tout l'avoir de sa maison en échange de l'amour, il ne recueillerait que le mépris » (Ct 8,7 ; cf. Ps 49,6-9).

Dans une série de proverbes de facture identique, les écrits sapientiaux rappellent que la crainte de Yahvé (Pr 15, 16), l'affection (Pr 15,17), la justice (Pr 16,8), la fidélité (Pr 19,22), le bon renom (Pr 22,1), l'honnêteté (Pr 28,6), l'indépendance chez soi (Pr 29,22), la santé (Si 30,14) et surtout la sagesse (Pr 16,16 ; Qo 9,16 ; cf. 1 R 3,11-14 ; Jb 28,15-19 ; Pr 2,4 ; 3,15 ; 8,11 ; 11,4 ; Sg 7,8-11) valent bien mieux que toutes les abondances matérielles et toutes les richesses du monde (cf. également Ps 37,16 ; 119,14.36. 72.127.162). De fait, la richesse n'est qu'un accessoire et, si quelqu'un ne brille que par l'accessoire, il peut s'attendre au pire : « Un pauvre peut être honoré pour sa science, et un riche pour sa richesse. Si quelqu'un est honoré dans la pauvreté, combien plus le sera-t-il dans la richese ? Mais, s'il est méprisé dans la richesse, combien plus dans la pauvreté ? » (Si 10,30-31).

Par dessus tout, cependant, la joie du pauvre lui vient du fait qu'il peut être sûr que le Seigneur entend sa prière : « le cri des opprimés, lui l'entend » (Jb 34,28) car « la prière qui sort de la bouche du pauvre arrive aux oreilles de Dieu et, sans tarder, justice lui sera faite » (Si 21,5). C'est à retrouver, dans les Psaumes, les traces de cette prière que nous allons maintenant nous attacher.

2. *La joie des pauvres dans les Psaumes*

Lorsqu'on aborde le thème de la pauvreté dans les Psaumes, on se rend vite compte que les pauvres des Psaumes ne sont pas les seuls indigents que la sociologie d'aujourd'hui appellerait les économiquement faibles, mais aussi les malheureux et les affligés de toutes sortes. L'indigence matérielle n'était pas toujours le point de départ de la prière qu'ils avaient à traduire. Voulant insister plus sur l'attitude dans le malheur que sur ses origines, les traducteurs grecs ont préféré parler des « humbles » (« praüs » en grec) plutôt que des « indigents » (« ptôchos » ou « pénès » en grec) pour décrire la plupart des «pauvres» («anawim» en hébreu) du psautier biblique[55]. Mais il ne faudrait pas, pour cette raison, spiritualiser à l'excès la pauvreté dont parlent les Psaumes. Ses dimensions socio-économiques sont parfois évidentes (35,10; 37,14)[56] et les perspectives d'une récompense matérielle, qui restent celles des Psaumes (cf., par exemple, 107,35-43; 144,13), nous invitent à ne pas trop nous éloigner d'une «approche matérialiste»[57] du texte. Si les Psaumes insistent davantage sur l'humilité de la personne découragée qui se présente devant son Dieu, il ne faut pas oublier qu'une dure réalité matérielle, sociale ou économique, est, le plus souvent, au point de départ de sa démarche.

C'est de ceux qui «mangent le peuple en mangeant leur pain» (14,4; 53,5) que se plaignent souvent les Psaumes. Ils les voient «comme des lions qui égorgent» (7,3; cf. 10,9) et des hypocrites qui «ont dissimulé des pièges, tendu des cordes, un filet au bord du chemin, posé des traquenards» (140,6). Celui dont les Psaumes se plaignent devant Dieu est prêt à toutes les bassesses pour exploiter ses frères sans défense: «Il se tient à l'affût près des hameaux; bien caché, il tue l'innocent; ses yeux épient le faible; il est à l'affût, bien caché comme un lion dans son fourré; il est à l'affût pour attraper le malheureux; il attrape le malheureux en l'entraînant dans son filet; il rampe, il se tapit, et de tout son poids tombe sur les faibles» (10, 8-10; cf. 64,4). Ce sont ces gens qui «massacrent la veuve et l'émigré, assassinent les orphelins» (94,6). Il faut voir ici très concrètement la maffia de

---

55. Il n'entre pas dans le cadre du présent travail de fournir une bibliographie des innombrables études sur le vocabulaire biblique de la pauvreté. On en trouvera un court résumé dans les différentes éditions de A. Gelin *Les pauvres de Yahvé* au chapitre premier. Pour un exposé plus élaboré, cf. J. Dupont *Les Béatitudes* t. II Paris Gabalda (1969) 19-34.

56. Tout le psaume 37 se situe concrètement au plan socio-économique (intrigues, luttes sociales, héritages, famines, emprunts, prêts, honnêteté, intégrité...). Il en est de même pour les psaumes 49 (les mauvais jours, la fortune, les grandes richesses, les terres) et 73 (les parvenus, les disparités économiques, l'exploitation, les fortunes mal acquises, les calculs). Leur réseau sémantique montre bien que ces psaumes, au moins, se situent au niveau des luttes sociales quotidiennes pour la survie matérielle et plus de justice envers les classes défavorisées.

57. Selon le titre du livre de M. Clévenot *Approches matérialistes de la Bible* Paris Cerf (1976) 176 pp.

Jérusalem et des plus petits villages du pays, au sein de laquelle on pouvait trouver facilement de hautes personnalités. Notre lecture des Psaumes aujourd'hui, trop souvent sans passion, nous fait oublier qu'il y a, derrière ces prières, une société où « les hommes sont des bêtes les uns pour les autres » (Qo 3,18) et des êtres humains qui devaient se battre chaque jour contre les plus flagrantes exploitations. On en vient alors à comprendre que, dans ce contexte, on puisse souhaiter à l'exploiteur les mêmes malheurs qu'il provoque chez les autres : « De son procès, qu'il sorte coupable... Que ses fils soient vagabonds et suppliants, qu'ils mendient hors de leurs ruines, qu'un usurier saisisse tous ses biens, que des étrangers raflent ses gains » (109,7-11). Peut-être finira-t-il par réfléchir si, à son tour, il subit ce qu'il fait subir.

Devant une situation sociale presque désespérée, les pauvres des Psaumes se tournent vers Dieu. Sachant que « le Seigneur fera justice aux malheureux et qu'il fera droit aux pauvres (140,13)[58], ils s'adressent à celui qui « exauce le désir des humbles,[59] rassure leur cœur, prête une oreille attentive pour faire droit à l'orphelin et à l'opprimé » (10,17-18). Ils fondent leur espérance sur leur désespoir même : « Seigneur, tends l'oreille, réponds-moi, car je suis un malheureux et un pauvre » (86,1 ; cf. 109,22). Ils ne comptent plus sur les autorités politiques. Ils savent bien que « la force d'un roi, c'est aimer le droit » (99,4) et qu'on doit s'attendre d'un vrai roi « qu'il soit le salut des pauvres et qu'il écrase l'exploiteur » (72,4), mais ils n'ont connu que des juges « jugeant de travers en favorisant les coupables » (82,2) et « un trône criminel qui crée la misère au mépris des lois » (94,20). Ils se tournent donc vers le Roi dont « la justice et le droit servent de base au trône » (89,15) et qui « gouvernera le monde avec justice et les peuples avec droiture » (98,9). Devant lui, ils ne demandent

---

58. Ici, le « malheureux » (« ani » en hébreu), c'est celui qui souffre, que ce soit de pauvreté économique ou de maladie ou d'une injustice. Le « pauvre » (« ébyôn » en hébreu), c'est le pauvre réduit à l'état de mendicité ou, du moins, qui doit quémander comme une charité ce qui lui revient de droit.

59. Les « humbles » (« anawim » en hébreu) sont aussi des humiliés, mais on les voit surtout comme des êtres profondément religieux qui mettent toute leur confiance en Dieu.

pas que la charité leur soit prodiguée par la bienveillance des puissants, mais que justice leur soit faite. Ils s'adressent à Dieu comme au seul juge capable de faire prévaloir efficacement leurs droits. Il est, lui, «père des orphelins et justicier des veuves» (68,6). «Quand il se lève pour le jugement» (76,10 ; cf. 12,6 ; 82,8 ; 94,2), «il fait droit aux opprimés, il donne du pain aux affamés ; le Seigneur délie les prisonniers, le Seigneur ouvre les yeux des aveugles, le Seigneur redresse ceux qui fléchissent, le Seigneur aime les justes, le Seigneur protège les émigrés, il soutient l'orphelin et la veuve, mais déroute les pas des méchants» (146,7-9). Ce juge devient dès lors un «libérateur» (40,18 ; 70,6)[60] qui «délivre des mains du méchants, de la poigne des criminels et des violents» (71,4) et qui «fait sortir de prison» (142,8 ; cf. 68,7). C'est en ce sens qu'il est «Dieu des vengeances» (94,1) : il venge le droit des opprimés en les arrachant aux exploiteurs qui les tenaient captifs. Au milieu de leurs épreuves et de leurs humiliations, c'est sur ce juge et ce libérateur que les pauvres des Psaumes peuvent compter comme «une citadelle» (9,10), comme «une forteresse» et «un bouclier» (28,7) et comme «un refuge» (64,11 ; cf. 142,6). Tous ces termes guerriers font voir jusqu'à quel point, aux yeux des pauvres des Psaumes, Dieu est infiniment mêlé aux luttes sociales pour la justice. C'est grâce à lui qu'ils seront un jour associés au pouvoir : «Il relève le faible de la poussière. Il tire le pauvre du tas d'ordures, pour l'installer avec les princes, avec les princes de son peuple» (113,7-8).

Que le pauvre puisse ainsi compter sur un juge et un libérateur comme le guerrier compte sur la forteresse et son bouclier, c'est pour lui une source intarissable de joie : «Tous ceux qui t'ont pour refuge se réjouiront, toujours ils exulteront ; tu les abriteras, tu feras crier de joie ceux qui aiment ton nom» (5,12 ; cf. 64,11). Il pourra arriver que le pauvre se sente sur le point de «faire un faux pas» et d'être «jaloux des parvenus»

---

60. Dans la perspective et le vocabulaire bibliques, ces deux fonctions s'appellent d'ailleurs réciproquement. Ceux qu'on nomme les «Juges» d'Israël sont essentiellement des héros qui ont accompli la libération d'une ou plusieurs tribus des mains de la domination ennemie.

(73,2-3), qu'il estime que «c'est en vain» qu'il reste honnête et qu'il pourrait bien «faire des calculs comme eux» (73,13-15), mais il se répétera : «Mon bonheur à moi, c'est d'être près de Dieu ; j'ai pris refuge auprès du Seigneur Dieu» (73,28). Cette assurance joyeuse annonce déjà quelque chose des Béatitudes évangéliques : «Les humbles posséderont la terre, ils jouiront d'une paix totale» (37,11 ; cf. Mt 5,5).

Conclusion

«La Loi, les Prophètes et les Autres Ecrits» nous ont fait découvrir «le droit des pauvres», «la voix des pauvres» et «la joie des pauvres» dans les écrits bibliques. Au fur et à mesure de notre recherche, le monde où nous vivons est constamment apparu en filigrane à travers les textes. Des conclusions concrètes s'imposent. Si notre société laisse les pauvres sans droit, elle n'est qu'une société sans loi parce qu'alors rien ne vise à rétablir l'équilibre social. Si notre société laisse les pauvres sans voix, elle n'est qu'une société sans prophètes parce qu'alors personne ne cherche à éveiller les consciences endormies. Si notre société laisse les pauvres sans joie, elle n'est qu'une société incapable d'écrire un nouveau chapitre de sa propre histoire parce que rien ne tourne son regard vers un avenir meilleur. En assurant aux pauvres leur droit, leur voix et leur joie, une société vit vraiment «la Loi, les Prophètes et les Autres Ecrits».

« Heureux les pauvres »
histoire passée et future d'une parole

André Myre

Quand une parole assez significative pour influencer ne fût-ce qu'un seul être humain a été prononcée, ses effets se répercutent dans le reste de l'histoire ; cet homme, en effet, une fois devenu différent affecte de façon autre les membres de son entourage et, à travers eux et leurs descendants, le futur de l'humanité est vécu de manière modifiée par rapport à ce qu'il aurait été si la parole en question n'eût été prononcée. Au moment présent il est donc impossible de faire l'histoire complète de quelque geste ou parole historique que ce soit, car pour ce faire, il faudrait que l'histoire soit arrivée à terme et que soient donc mesurables les effets de ce geste ou de cette parole. Par contre, il est parfois possible de se voir influencé ou de se faire volontairement influencer par un élément ou l'autre du passé et, par la suite, de réfléchir sur la manière dont on est devenu différent. Ce n'est donc pas parce que tout ne peut être dit actuellement qu'il faut s'interdire d'étudier le passé, surtout pas quand le présent (et donc le futur) risque de s'en trouver positivement modifié.

Si ces réflexions valent quand il s'agit de l'histoire en général, elles ont aux yeux du chrétien une portée particulière quand elles sont appliquées à la tradition biblique. En effet, le croyant, qui voit dans la bible la révélation même de Dieu et qui sait d'expérience l'impact que cette parole a eu dans sa propre vie, ne peut que souscrire à cette vue de l'histoire qui est attentive à l'effet futur du passé. Par ailleurs, il se pose pour le chrétien un problème qui est certes vécu par d'autres mais qui prend pour lui une acuité particulière, c'est celui de la *façon* dont le passé *doit* aujourd'hui influencer le présent. Il ne faut pas avoir fréquenté longtemps la bible pour se rendre compte des immenses problèmes qu'elle pose, problèmes à la fois de compréhension de ce passé bien précis et de traduction pour aujourd'hui, en gestes aussi bien qu'en paroles, de ce passé à jamais révolu. Bien comprendre la bible est déjà difficile ; savoir quoi en faire aujourd'hui est infiniment plus complexe. Et pourtant on n'y échappe pas. Ils sont nombreux les chrétiens, par exemple, qui n'ont aucun scrupule à consommer porc ou boudin ; pourtant, ils vont directement à l'encontre de prescriptions aussi bien de l'Ancien que du Nouveau Testament (Lv 17,10 ; 11,7-8 ; Ac 15, 20.29). Suivant quel principe faudrait-il, en référence à ces versets de Ac 15, se garder d'un côté des « unions illégitimes », tout en se permettant des libertés vis-à-vis du « sang » ? N'est-il pas étonnant qu'on soit fidèle à condamner le divorce à la suite de Mt 5,31-32, mais qu'on n'ait aucun scrupule à prêter serment (« sur les Saints Evangiles ») malgré la défense explicite des versets suivants (Mt 5,33-37) ? On ne se contente donc pas de comprendre, on interprète, on fait des choix, on modifie, on retraduit. Et, encore une fois, on ne peut y échapper. D'ailleurs, la bible elle-même n'y échappe pas ; elle *est* même un immense effort de retraduction et d'interprétation. Il ne pouvait en être autrement, dès lors que la révélation était destinée à se vivre dans le temps et l'espace. On ne parle plus, on ne vit plus, on ne s'exprime plus de la même façon avec le passage du temps. Il faut donc continuellement décanter l'essentiel de l'accessoire, le visage personnel de Dieu de ses expressions dans le temps, sa volonté toujours présente de ses manifestations passées. Par conséquent, c'est se faire illusion que de penser qu'il suffit de se demander ce qu'a dit Dieu hier ; c'est vouloir se cacher le fait que la question a une autre face : Que veut dire hier aujourd'hui ? Par ailleurs, se poser la question complète c'est chercher une réponse ; se pencher sur le problème c'est tenter une esquisse de solution.

Le présent livre traite du problème de la pauvreté ; écrit par trois biblistes, il doit donc être une étude portant sur la pauvreté dans la bible. Jusqu'ici tout va bien ; les choses ont l'air simple. Mais pourtant la situation se complique dès lors qu'on se pose les questions suivantes : Pourquoi huit cents personnes se sont-elles réunies toute une fin de semaine il y a quelque temps pour se parler de la pauvreté dans la bible ? Pourquoi le choix de ce thème précis ? Pourquoi tant de monde ? Pourquoi tout l'effort de refonte et de mise par écrit que suppose le présent livre ? Pourquoi, sinon parce que l'aujourd'hui qui est nôtre pose à beaucoup d'entre nous le problème de la pauvreté, de son sens, de notre attitude face à elle ? Si tel est le cas, nous ne sommes pas neutres ou désintéressés dans notre recherche, mais vitalement inquiets, tracassés, questionnés. Nous allons donc vers la parole du passé avec la problématique qui est la nôtre, avec l'outillage technique qui est le nôtre (et que nos devanciers n'avaient pas à leur disposition) et compte tenu de notre situation ecclésiale, sociale et politique bien précise. Et il s'agit pour nous de faire deux choses.

En premier lieu, nous avons à chercher à comprendre. Comprendre en nous souvenant que l'homme de la bible n'est pas un occidental du vingtième siècle, et donc qu'il n'a ni notre mentalité ni nos problèmes ; et que c'est nous qui cherchons à voir comment il s'est parlé à lui-même, et non l'inverse (il avait bien assez de ses propres problèmes sans avoir en plus à se préoccuper des nôtres ; et le Dieu de la bible a bien assez de difficultés à se faire saisir de ceux à qui il parle sans chercher à parler à tout le monde en même temps !). C'est donc dire qu'il nous faut chercher à nous adapter à lui.

En second lieu, il nous faut chercher à voir le retentissement dans nos vies que peut avoir la découverte des attitudes qu'avait l'homme de la bible vis-à-vis de la pauvreté. Ici, beaucoup de précautions s'imposent et beaucoup de nuances seraient à faire. D'abord, il convient de dire que, malgré les apparences peut-être, les exégètes ne se prennent pas pour le Saint-Esprit ; qu'ils n'ont pas les paroles de la vie éternelle ; mais que leur métier comporte la double tâche de faire comprendre le passé et de présenter à leur Eglise des pistes contemporaines d'interprétation et de retraduction. A cette Eglise de faire le tri et de choisir sa voie. Ensuite, il faut signaler que les mécanismes d'interprétation et de retraduction sont de maniement délicat et qu'il n'y a à peu près pas d'outil universel : chaque question est à toute fin pratique un cas particulier. De plus, il ne faut pas oublier que la vie chrétienne se déroule dans l'histoire et que la vie se fait souvent par essais et erreurs. *Il existe de fait un pragmatisme biblique* ; sans vouloir durcir l'expression en règle générale, il y a un domaine de la foi où c'est ce qui « marche » qui est voulu de Dieu : qu'on pense à l'ouverture aux païens dans l'Eglise primitive [1], au choix qui se fit lentement entre diverses structures d'Eglise, etc. Par ailleurs, il est évident que l'échec (la « croix ») fait également partie intégrante de l'expérience chrétienne ; mais encore là le déroulement de l'histoire permet de faire le tri entre ce qui fut échec pur et simple et échec au nom même de la fidélité à révéler le Dieu de Jésus-Christ. C'est donc le plus souvent dans l'obscurité et l'incertitude que se font les premiers gestes et se disent les premières paroles qui visent à retraduire de façon vivante les vieilles paroles de la bible. Et la clarté — qu'elle soit exprimée en termes d'accréditation par l'histoire de l'Eglise ou de sens de l'échec — vient plus tard.

Dans un premier temps, nous chercherons à dégager l'attitude du Nouveau Testament face aux pauvres. On comprendra facilement que, dans le cadre d'un travail comme celui-ci et si on veut éviter de se contenter d'un survol superficiel de textes, une vue assez précise de ce qu'on recherche est nécessaire car elle permet de faire un choix parmi les matériaux. Or ce qu'on recherche ici, faut-il encore le dire, c'est de *comprendre* l'attitude de l'homme biblique face aux pauvres *en vue* d'éclairer notre propre approche. Si on veut faire un travail sérieux, il nous faut choisir des textes qui se situent autant que possible au cœur de la révélation chrétienne et qui nous permettent de voir comment les impératifs de la foi et les exigences de la vie se sont influencés les uns les autres. En plus, il nous faut des textes qui témoignent d'une certaine évolution, car c'est sur un fond de scène de changement qu'on peut le mieux discerner l'essentiel de l'accessoire. On voit donc l'utilité de centrer l'étude sur de tels textes, car une fois l'important pour la foi décanté, l'éclairage qu'il jette sur notre situation devient d'autant plus direct et son impact d'autant plus profond.

Heureusement, de tels textes existent ; et, parmi eux, on a choisi d'étudier les béatitudes. Conformément aux exigences des critères qu'on vient de mentionner, les béatitudes sont des textes dont on ne saurait majorer l'importance : comme on va le voir, elles résument l'essentiel des gestes et paroles de Jésus de Nazareth. Ensuite, elles ont une longue histoire, puisqu'on les retrouve, plus d'un demi-siècle après la mort de Jésus, sous des formes assez différentes, dans les évangiles de Luc et Matthieu. Les étapes de leur transformation vont donc nous permettre de saisir comment a évolué l'attitude des premiers chrétiens face aux pauvres. Mais ici se pose le problème de la démarche à suivre. La démarche exégétique classique serait la suivante. On vient de dire que les béatitudes se retrouvent sous deux formes différentes dans nos évangiles, soit chez Matthieu et Luc. La majorité des exégètes s'entendent pour admettre que ces deux évangélistes ont eu accès aux béatitudes par l'entremise d'une source commune couramment appelée Source ou Document Q. Cette source n'est pas un document qui existe actuellement à l'état isolé ; le seul moyen de s'en faire une idée est de rassembler les passages que Lc et Mt ont en commun [a], de comparer, à propos de chaque texte commun, les deux versions et, compte tenu des particularités de chaque évangéliste, de chercher à reproduire l'état primitif du texte qu'ils avaient sous les yeux. Ensuite, il s'agit de voir dans quel milieu d'Eglise un tel texte avait cours ; et

---

a. La source Q était un document probablement écrit, en langue grecque dans sa rédaction finale, que Matthieu et Luc, indépendamment l'un de l'autre, ont utilisé, en plus de Marc et de traditions particulières à chacun, pour composer leur évangile. Cette source n'est pas née tout d'un bloc, elle a une longue préhistoire. Dans son état final, c'est-à-dire juste avant son utilisation par Matthieu et Luc (et dans la mesure où on peut être certain que les évangélistes l'ont connue dans un état et une formulation identiques), elle représente la pensée théologique de chrétiens d'origine juive et de langue grecque ; mais elle est l'aboutissement d'un processus qui a son point de départ dans un autre milieu chrétien, juif lui aussi, mais de langue araméenne cette fois. Ce milieu, très primitif, est possiblement en dépendance directe de l'activité missionnaire des premiers disciples de Jésus.
    On ne possède pas de copie de cette source. La seule façon d'obtenir présentement une idée du nombre de textes qui en faisaient partie et de la formulation de ces paroles (cette source est quasi exclusivement composée de paroles et ne contient que quelques récits) est de comparer attentivement les textes parallèles de Matthieu et Luc pour essayer de retrouver l'ordre et la formulation primitifs.

enfin, de chercher à déterminer si et dans quelle mesure il peut remonter à Jésus de Nazareth. On voit donc que cette démarche va au rebours de l'histoire, soit des évangélistes à Jésus ; et pour nous, qui voulons étudier l'évolution de l'attitude des hommes du Nouveau Testament, elle supposerait une approche qui irait à l'envers du cours passé des choses. Pour les besoins de la cause, la démarche suivie ici ira donc dans l'autre sens : nous parlerons d'abord de Jésus, puis d'une Eglise très proche de lui dans le temps, d'une seconde communauté chrétienne plus tardive, de l'Eglise de Luc et, enfin, de celle de Matthieu.

La seconde partie de la présente étude vise à expliciter quelques aspects de notre tâche en Eglise, à la suite des principales données établies à partir du Nouveau Testament. Il faudra nous demander ce qu'il nous faut retenir de l'expérience de Jésus et des premiers chrétiens, et pourquoi nous conservons tel ou tel élément. Il nous faudra donc chercher à établir quels sens ont pour aujourd'hui les décisions prises jadis et quelles répercussions elles nous permettent d'entrevoir sur notre vie en Eglise, le tout, évidemment, exprimé compte tenu de notre lecture de l'état actuel de notre Eglise, de notre société et de notre monde.

I- L'évangile et les pauvres

Si typiques que soient les béatitudes de Jésus de Nazareth[b], ce dernier n'est quand même pas le créateur de cette forme

---

b. A qui voudrait creuser la question des béatitudes on ne saurait trop recommander l'ouvrage monumental de DUPONT, J., *Les Béatitudes I. Le problème littéraire — Les deux versions du Sermon sur la montagne et des Béatitudes*, 2e éd., Louvain, 1958 ; *Les Béatitudes II. La bonne nouvelle*, 2e éd., Paris, 1969 ; *Les Béatitudes III. Les évangélistes*, Paris, 1973. Il convient de signaler que, pour une des rares fois, le lecteur de langue française dispose, dans la langue originale, de l'œuvre maîtresse sur une question. La clarté du style y fait heureux ménage avec l'érudition. Personne ne regrettera d'avoir lu cet ouvrage ; celui qu'effraie la perspective d'avoir à s'engouffrer dans la lecture de trois forts tomes peut se contenter du troisième, lequel peut sans inconvénient majeur être considéré comme formant un tout. On y trouve une bonne approche des théologies tant de Matthieu que de Luc.
Pour un bon complément d'informations et de points de vue, (il s'agit évidemment ici

d'expression.[2] Les béatitudes sont connues de l'Ancien Testament, des apocryphes de l'AT ainsi que du monde hellénistique. Dans l'Ancien Testament, la béatitude, d'origine relativement récente, se retrouve surtout dans la littérature sapientielle ; dans les Psaumes, en particulier, elle est fortement liée à la liturgie du Temple. Elle est prononcée en référence à des personnes, jamais à propos de Dieu ou de choses. La béatitude vétéro-testamentaire s'adresse surtout au fidèle qui vit selon la Loi, manifestant ainsi qu'il a confiance en son Dieu qui agit présentement dans le monde. Est heureux, en somme, celui qui agit bien : il va au Temple (Ps 65,5), accepte l'enseignement de Dieu(Ps 94,12), marche dans la Loi (Ps 119,1 ; Pr 29,18), pense au pauvre et au faible (Ps 41,2 ; Pr 14,21), pratique la justice (Ps 106,3), etc. Le bonheur est l'apanage de celui qui vit maintenant conformément à la révélation passée de Dieu.

Il existe, cependant, dans l'Ancien Testament, mais surtout dans la tradition apocryphe, une autre forme de béatitudes ; par rapport à celle qu'on vient de présenter, elle se caractérise surtout par le changement de motif attribué au bonheur. Jusqu'ici était déclaré heureux celui qui vivait suivant l'Alliance ; maintenant, la motivation change radicalement de perspective et vise le futur : c'est l'enseignement eschatologique, la perspective du salut final et du jugement des impies qui deviennent causes de joie. Heureux celui qui tiendra jusqu'à la fin (Dn 12,12), qui se réjouira de la paix de Dieu (Tb 13,14), qui verra Dieu (Si 48,11) ; heureux les justes, car la gloire les attend (Hénoch éthiopien 58,1) et ils seront sauvés (99,10). Le bonheur est l'apanage de celui qui vit maintenant conformément aux exigences de l'espérance du salut futur de Dieu.

---

d'un choix, lequel tient compte des langues et de l'accessibilité), voir : BOISMARD, M.-E., *Synopse des quatre évangiles II*, Paris, 1972, pp. 125-30 ; CAZELLES, H., *Art.* «*ashré*», *TDOT I*, pp. 445-48 ; HAUCK, F. — BERTRAM, G., *Art.* «*makarios*», *TDNT IV*, pp. 362-70 ; KOCH, K., *The Growth of the Biblical Tradition. The Form — Critical Method*, New York, 1969, pp. 6-8 ; 16-18 ; 28-29 ; 39-44 ; 59-62 ; et surtout STRECKER, G., «Les macarismes du discours sur la montagne», dans *L'évangile selon Matthieu. Rédaction et théologie*. Sous la direction de M. DIDIER, BETL 29, Gembloux, 1972, pp. 185-208.

Les deux formes de béatitudes ont ceci en commun qu'elles sont généralement prononcées à la troisième personne (heureux tel ou tel) et qu'elles présupposent un type de comportement précis, directement relié à la révélation de Dieu : *l'agir* de *celui qui est déclaré heureux* est directement en cause. Par contre, les deux formes se distinguent par leur conception de Dieu : l'une considère l'agir passé et présent de Dieu, tandis que l'autre a en vue l'agir futur de Dieu. Il faut peut-être mentionner ici que ces caractéristiques ne sont pas sans importance pour qui s'intéresse à Jésus de Nazareth ; car c'est en cernant les traditions de son peuple auxquelles il se rattache de préférence à telles autres qu'on apprend peu à peu à clarifier les lignes de force de sa révélation de Dieu. Et il est aussi important pour l'agir chrétien d'aujourd'hui de voir comment Jésus s'est situé par rapport à sa tradition que de comprendre comment l'Eglise primitive a évolué par rapport à Jésus, car c'est dans le déplacement de perspectives qu'on peut le mieux saisir les motivations de fond.

a. - *Jésus et les pauvres*

Il y a trois béatitudes qu'on fait d'ordinaire remonter à Jésus de Nazareth. Leur formulation la plus primitive serait vraisemblablement la suivante :

Heureux les pauvres,	car à eux le Règne de Dieu.
Heureux ceux qui ont faim,	car ils seront rassasiés.
Heureux les affligés,	car ils seront consolés.

On se rappellera que ce texte est une reconstruction à partir des évangiles de Mt et Lc ; on notera également qu'il s'agit d'un *texte*. Or, suivant l'état actuel de nos connaissances, il est communément admis que Jésus de Nazareth n'a rien écrit et que ses disciples (dans l'hypothèse même où quelques-uns d'entre eux auraient su lire et écrire — ce qui reste fort douteux) ne se sont pas préoccupés de prendre des notes pendant qu'il parlait et agissait. On essaie souvent de pallier la difficulté en faisant référence à la soi-disant mémoire phénoménale des sémites (mais celle-ci était beaucoup plus affaire d'école et d'étude que phénomène populaire et généralisé) ou encore à un résumé de sa prédication, que Jésus aurait fait apprendre par cœur à ses disciples avant de les envoyer en mission en son nom. Mais on remarquera, en ce qui concerne cette dernière hypothèse, que le texte ne dit pas comment s'adresser *aux* pauvres, mais qu'il parle *à leur sujet* ; il est d'ailleurs typique de la béatitude d'être formulée à la troisième personne. L'hypothèse reste certes possible mais elle n'est pas contraignante. De façon plus humble, mais qui a des chances d'être plus vraie, il faut peut-être se contenter de dire ce qui suit. A l'origine, ces paroles devaient être des logia isolés, véhiculés ici et là dans la tradition chrétienne, qui un jour ont été rassemblés. Chacune d'elles, à sa façon, représente un résumé que se faisait la mémoire chrétienne de l'activité de Jésus de Nazareth. En ce sens Koch a donc raison de dire que «les Béatitudes ne sont pas, comme les auditeurs modernes pourraient l'assumer, un discours spontané, mais elles sont une *doctrine* soigneusement formulée, le résultat d'une longue histoire de la forme littéraire».[3] Il est tout à fait légitime d'admettre que Jésus se soit servi de cette forme d'expression, pourvu qu'on ne se cache pas le fait que dans les *textes* qui nous restent on entend possiblement davantage l'écho de sa voix à travers les représentations que s'en faisaient les premiers chrétiens que des citations de lui à mettre entre guillemets. On pourrait penser que ce bilan est plutôt négatif mais il suffit de le lire avec un peu d'attention pour se rendre compte qu'il est loin d'en être ainsi. Cette affirmation a toutefois besoin d'être étayée par d'autres observations.

D'abord, il faut dire un mot de la forme de ces béatitudes. De façon classique, on l'a déjà vu, elles sont formulées à la troisième personne ; dans leur première partie elles déclarent heureux un certain groupe de personnes, et dans la seconde elles motivent cette proclamation. On aura noté sans doute que cette seconde partie, au moins pour deux de ces béatitudes, est clairement eschatologique : ceux qui ont faim seront rassasiés, les affligés seront consolés.[c] Il est communément admis que le fondement de

---

c. On a ici deux bons exemples de ce qu'on appelle en langage plus technique un « passif divin ». Il s'agit de l'utilisation d'un verbe au passif pour éviter d'avoir à employer le nom de Dieu (comme sujet du verbe). Ces béatitudes veulent donc dire : Heureux les affamés, car Dieu les rassasiera ; Heureux les affligés, car Dieu les consolera.

la première béatitude est également eschatologique. Dans la présente formulation grecque de Mt et Lc, le verbe être est utilisé, et au présent : « car à eux (ou : vôtre) *est* le Règne de Dieu. » On a omis ce verbe être dans la formulation présentée plus haut parce qu'en araméen (langue de Jésus), dans de telles circonstances, ce verbe n'est pas utilisé ; le traducteur grec a jugé bon de s'en servir mais, dans le contexte, le sens futur est assez clair. Ces béatitudes de Jésus sont donc manifestement eschatologiques et à situer, pour cette raison, dans la lignée de la seconde série de béatitudes dont témoigne la littérature vétéro-testamentaire ou apocryphe. Certaines gens sont déclarés heureux à cause de ce que Dieu lui-même fera un jour en leur faveur. Il restera à préciser plus loin ce que signifie ce Règne de Dieu et en quoi il peut motiver une déclaration de bonheur adressée à des pauvres, des affligés et des affamés.

Si le sens de la seconde partie de ces béatitudes semble par lui-même, du moins à première vue, assez facile à établir, il n'en va pas de même de la première partie. Qui sont donc ces pauvres, ces affligés, ces affamés, à qui le Règne de Dieu est promis ; et pourquoi est-ce à eux que telle promesse est faite ? On a longtemps interprété cette pauvreté comme une pauvreté « spirituelle » ; on a vu dans cette faim le désir de Dieu et, dans cette affliction, un jugement de désolation porté sur le monde ; on a identifié ces gens au petit reste d'Israël, groupe de gens pieux rassemblés par Jésus, etc. Sans que l'unanimité soit encore faite sur le sujet, on semble commencer aujourd'hui à voir plus clair, à la suite d'études portant sur le sens des mots « pauvres », « affamés », « affligés » dans la tradition juive et sur le cadre global de l'activité et de la prédication de Jésus.[4] La bible appelle « pauvre » celui qui se situe aux échelons inférieurs de la société : c'est le faible, le démuni, l'opprimé. Dans un monde où les plus forts ont tous les droits et font fi de la loi, le pauvre est sans défense, sans espoir, incapable de résister. Il est souvent appelé juste et pieux, peut-être surtout parce qu'il a la Loi de son côté (même si elle n'est pas appliquée) et qu'il est certainement moins injuste et plus porté à implorer son Dieu que celui qui l'opprime. L'affamé c'est le pauvre qui n'a pas de quoi manger ; l'affligé, le pauvre qui se plaint de sa situation. Les béatitudes (suivant le fond de scène biblique) viseraient donc le même groupe de gens : des malheureux en difficulté.

La question qui se pose maintenant — toujours suivant cette approche biblique — est celle du pourquoi de l'amour privilégié de Dieu pour eux. Qu'ont-ils donc de spécial pour que de telles promesses leur soient faites ? A cela il faut répondre que dans le Proche-Orient ancien c'est un des principaux devoir du roi que d'assurer que justice soit rendue aux pauvres. Un bon roi fait en sorte que les pauvres soient protégés des profiteurs à l'appétit vorace. Ce n'est pas que ces petits sont meilleurs sujets que les autres ; mais ils ont davantage besoin de l'attention du souverain. En Israël comme ailleurs, toutefois, malgré la Loi et la révélation de l'amour de Yahvé-Roi pour les pauvres, les souverains ne firent pas beaucoup pour les défavorisés ; c'est une raison entre autres pour laquelle on en vint peu à peu à projeter dans l'avenir une intervention bouleversante de Dieu pour les siens. Le Roi par excellence fera en ce jour-là éclater sa gloire et sa justice et, tout naturellement, ce seront les pauvres qui seront l'objet de son attention particulière, puisque ce sont eux qui souffrent de déni de justice.

On commence sans doute à entrevoir combien ces trois béatitudes forment un tout et dans quelle mesure, bien au delà de leur forme, elles plongent leurs racines dans l'Ancien Testament. Ce n'est pas par hasard qu'on y fait mention de pauvreté, de faim et d'affliction : pour le pauvre monde, tout va ensemble : on est en état d'infériorité, on a faim et on se plaint. Ce n'est pas par hasard, non plus, que dans leur seconde partie on fasse mention du Règne de Dieu, du rassasiement et de la consolation, le tout projeté dans le futur. Dès maintenant la situation semble sans issue, mais il viendra (déjà il vient) le Roi qui s'occupera des siens. Et on voit peut-être mieux pourquoi c'est spécifiquement le groupe social des pauvres qui est l'objet de ces déclarations de bonheur : à qui d'autres pourraient-elles s'adresser ?

Le monde conceptuel de l'Ancien Testament, ce semble clair, réussit à préciser le sens qu'on doit donner au groupe de gens auquel s'adressent les béatitudes ; il reste maintenant à situer ces dernières dans le cadre général de la prédication de Jésus et à dégager ce qu'elles nous disent de caractéristique à son égard. Comme l'analyse des passages synoptiques où reviennent les mots « pauvres », « affamés » et « affligés » n'apporte rien de vraiment significatif au sujet de Jésus lui-même[d], il nous faut partir d'ailleurs ; ce point de départ, comme il fallait s'y attendre, c'est le coeur de la prédication de Jésus, soit le thème de Règne de Dieu.[5] On peut presque dire que Jésus n'a parlé que du Règne de Dieu et de ses implications. Malheureusement, dans nos textes, il n'est jamais fait état d'une définition que Jésus en aurait donnée, de sorte qu'on est réduit à s'en faire une idée globale à partir de l'ensemble des textes jugés authentiques. Or, les résultats sont loin d'être concluants, car il n'est pas sûr que les textes nous aient conservé tous les éléments essentiels à une définition juste du Règne dans la pensée de Jésus ; par exemple, on discute encore à savoir si Jésus considérait vraiment le Règne comme « proche »[6]

---

d. Le mot « pauvre » est utilisé comme suit dans les synoptiques : il apparaît deux fois dans la source Q, soit en Mt 5,3/Lc 6,20 (première béatitude) et en Mt 11,5/Lc 7,22 (citation d'Isaïe). La tradition marcienne l'utilise trois fois, soit dans le récit du jeune homme riche (Mc 10,21 et par.), celui du don de la pauvre veuve (Mc 12,42-43 et par.) et celui de l'onction à Béthanie (Mc 14,5-7 et par.) ; à chaque occasion, c'est le thème du don aux pauvres qui revient. Luc, de son côté, suivant en cela des traditions qui lui sont propres, utilise le mot dans les textes suivants : 4,18 (visite inaugurale à Nazareth, citation d'Isaïe) ; 14,13.21 (deux paraboles où revient l'exhortation à inviter des pauvres quand on donne un grand dîner) ; 16,20.22 (parabole du pauvre Lazare) ; 19,8 (Zachée ; thème du don de ses biens aux pauvres). Comme tel, le thème du don de ses biens aux pauvres ne dit rien de direct sur les fréquentations de Jésus ; les citations d'Isaïe nous montrent que Jésus a été vu comme celui qui avait accompli l'espérance prophétique ; les paraboles lucaniennes, avec leur exhortation à inviter les pauvres à dîner, reprennent le thème courant du banquet eschatologique et caractérisent plus directement le style d'activité de Jésus. Mais ces textes donnent l'impression d'une utilisation d'expressions classiques pour résumer l'activité et la prédication de Jésus. Il n'y a pas de récit évangélique montrant Jésus au milieu de « pauvres ». Comme on le verra dans la suite du texte, le vocabulaire utilisé pour désigner ceux que Jésus fréquentait de préférence est moins général que celui de « pauvreté ». En ce sens l'emploi du mot « pauvres » est peut-être davantage une caractéristique du vocabulaire chrétien que de celui de Jésus. Il s'agirait d'une façon classique, générale, typique, de désigner l'ensemble de ceux que Jésus fréquentait. Il y a donc « du Jésus » là-dedans, mais plus en profondeur qu'en surface.
Le mot « affligé » est peu utilisé dans les synoptiques ; il revient en Mt 5,5 (béatitude) ; Mt 9,15 (version peut-être proprement matthéenne de Mc 2,19) ; Lc 6,25 (fait partie d'une des malédictions qui, en Luc, suivent immédiatement les béatitudes) ; et Mc 16,10 (en référence à l'affliction des disciples après la mort de Jésus). Il n'y a rien à

et on ignore jusqu'à quel point, pour lui, ce Règne devait se réaliser sur terre ou dans un quelconque au-delà. Par ailleurs, il n'y a pas à désespérer car l'acquis est quand même précieux. Ainsi il est certain que Jésus avait une pensée eschatologique, c'est-à-dire tournée vers les derniers temps. Le Dieu-Père, qui est le sien, est celui qui s'apprête à venir établir son Règne, c'est-à-dire à faire éclater sa gloire et sa justice. Or ce Roi qui vient, il ne faut pas l'oublier, c'est le Dieu de l'Ancien Testament ; c'est ce Dieu dont la mesure de colère est sur le point d'être comblée, tellement il est horrifié de voir à quels extrêmes d'injustice l'homme a pu se laisser aller, et quel degré de souffrance les petits de son peuple ont pu endurer. Il vient donc ce Dieu-Roi ; il est presque déjà là. Et les priorités de son agir sont clairement établies. Il commencera par rétablir le droit des petits, des opprimés, des laissés pour compte. Il commencera par rendre le droit en faveur de ceux pour qui il n'a jamais existé. Et ceux-là, ceux qu'il aime, sauront enfin qu'ils ont un Dieu.

Or, c'est ce Dieu que Jésus vient annoncer ; et quoi de plus naturel que de l'annoncer à ceux qui en ont le plus besoin, à ceux qu'il aime en priorité et pour qui, de fait, il vient ? C'est donc ce à quoi s'emploie Jésus dans sa prédication comme dans son activité. Il veut redonner espoir à ceux qui par définition n'en ont

tirer de là en vue de déterminer un comportement caractéristique de Jésus.

Le mot « affamé », enfin, est utilisé en référence à la faim de Jésus (Mt 4,2 / Lc 4,2 ; Mt 21,18 / Mc 11,2), des disciples (Mt 12,1), de David et ses compagnons (Mc 2,25 et par.) ; dans une béatitude (Mt 5,6 / Lc 6,21) et une malédiction (Lc 6,25) ; dans un verset du Magnificat qui est une citation de l'AT (Lc 1,53) et dans le récit du jugement eschatologique du Roi, où le mot est appliqué à la faim des « petits » et où il faut reconnaître celle du Roi lui-même (Mt 25,35.37.42.44). Ce dernier récit, tardif, est le seul texte utilisable pour caractériser l'activité de Jésus, mais de façon fort indirecte. Il permet certes de retrouver une ligne de force de l'activité de Jésus, mais non pas d'y voir avec certitude autre chose que le vocabulaire de l'exhortation chrétienne qui reprend, à sa façon et en conformité avec sa situation, les grandes intuitions qui lui viennent de Jésus, pour les reformuler à sa façon.

On ne peut donc affirmer que le vocabulaire concernant les destinataires des béatitudes remonte directement à Jésus et exprime sa façon propre de caractériser ceux auxquels il s'adressait avec prédilection. Le vocabulaire représente davantage une façon chrétienne de désigner, de façon globale, ceux auxquels Jésus parlait de préférence. Mais on rejoint quand même, à l'aide de ce vocabulaire, l'activité de *Jésus* et, au fond, c'est ce qui compte. On verra plus loin d'où a été tiré ce vocabulaire chrétien.

pas. Alors, il s'éloigne des grands centres, où vivent les lettrés et les gens à l'aise (ces gens-là ont moins besoin d'espérance ; ils savent comment se débrouiller dans la vie) ; et il parcourt le pays où se trouvent les petites gens, ceux-là qui n'ont pas de recours contre les gros. Il mange avec les publicains — qui sont ostracisés, méprisés (Mc 2, 15-17) ; et il proclame que Dieu les aime davantage que les Pharisiens, lesquels sont certes du bon monde, mais qui ont moins besoin d'aide (Lc 18,9-14). On le traitera donc de glouton et d'ivrogne, d'homme de mauvaises fréquentations (Mt 11,19). Il n'hésitera pas à dire, au grand scandale des bonnes gens, que les prostituées seront parmi les premiers à accepter le Règne de Dieu (Mt 21,31). Il fera des choix ; ne pouvant s'adresser à tout le monde en même temps, il renoncera à s'occuper de ceux pour qui les choses vont bien pour rejoindre ceux pour qui tout est perdu (Lc 15,4-7). Ce sont les malades plus que les bien portants qui ont besoin de lui, les pécheurs plus que les justes (Mc 2,17). C'est donc vers eux qu'il ira, eux qu'il guérira, à eux qu'il dira que Dieu les aime jusqu'à leur pardonner, jusqu'à vouloir être leur Roi. De la sorte, dans sa vie même, Jésus donne corps à une ligne de force importante de l'Ancien Testament, il donne un visage à Dieu, il le révèle.

C'est donc l'intuition qu'a Jésus au sujet de son Dieu qui gouverne sa vie et lui fait choisir ceux à qui il parlera de Dieu. Or, il est clair que Jésus ne s'adresse pas à quelque groupe social ou religieux qui se serait particulièrement préparé à accueillir Dieu et qui aurait les dispositions religieuses requises, à un petit reste de gens particulièrement pieux qu'il aurait rassemblé à partir d'une masse de monde vouée à la perdition. Les dispositions intérieures n'ont rien à voir avec le choix de Jésus ; celui-ci s'adresse à de petites gens, des déclassés sociaux, des malades, des défavorisés, du pauvre monde victime d'injustice, à cette sorte de gens qui sont sans espoir dans notre sorte de monde.[7] Et à eux, il proclame que Dieu les aime. Et ce choix, cette proclamation, il faut insister, n'ont rien à voir avec la valeur morale, spirituelle ou religieuse des gens en cause ; ils sont exclusivement basés sur l'horreur qu'a le Dieu que Jésus connaît de l'état actuel du monde et sur la décision divine de venir rétablir la situation en faveur de ceux qui ont le plus de peine à vivre. Jésus révèle Dieu, non la vie spirituelle de ses auditeurs. Pour reprendre le vocabulaire des béatitudes, c'est donc à de vrais pauvres que Jésus s'adresse, à des gens qui ont faim et qui se plaignent. Et à ceux-là, il annonce que leur Roi s'en vient, et qu'ils auront de sa main leur part de biens, de nourriture et de consolation. A cet égard, il faut veiller à voir les choses très concrètement. Le monde dans lequel vit Jésus est un monde dur, comme tous les mondes ; on y vit en creux une sorte de silence et d'inactivité qui semblent une marque de commerce permanente du Dieu de la bible. Les petits désespèrent parce que personne (pas même Dieu) ne semble faire quoi que ce soit pour eux. Or personne, fût-ce Jésus de Nazareth, ne peut, par le simple fait d'une parole, transformer une situation de désespoir en un jaillissement d'espérance. Aussi, en profondeur, les béatitudes sont-elles beaucoup plus que l'expression de paroles de Jésus, elles caractérisent *la vie* (activité et proclamation) de Jésus. Il a aimé des non-aimés, pour leur faire espérer l'amour de Dieu ; il a guéri des malades, pour leur faire espérer la santé sous le Règne de Dieu ; il a nourri des gens qui avaient faim, pour leur signifier le banquet eschatologique. Jésus a véritablement *changé le présent* pour faire espérer le changement du Règne. C'est en ce sens que le Règne de Dieu est présent en Jésus, et dès lors, croyable et espérable. Toutefois, les gestes de Jésus étaient des gestes humains, donc partiels, finis, ambigus ; et une bonne partie de sa prédication a donc dû passer à chercher à lever l'ambiguïté de son geste, pour faire percevoir son lien au Règne de Dieu. Ses tentatives, il faut le dire, sont loin d'avoir toujours été couronnées de succès (Mc 3,22-30 ; Lc 11,20 et par.). On ne voulait pas croire qu'il agissait au nom de Dieu : les puissants étaient dérangés, les petits préféraient recevoir ce qu'il avait à offrir sans avoir à regarder de plus près. C'est pourquoi la proclamation de bonheur des béatitudes n'est pas loin des cris de souffrance de Jésus.

La prédication de Jésus de Nazareth en faveur des petits, on le voit, est profondément ancrée dans l'Ancien Testament : c'est un des traits caractéristiques du Dieu d'Israël que Jésus dessine avec sa vie, c'est à ceux que ce Dieu aime qu'il s'adresse, c'est l'espérance en ce futur Dieu-Roi qu'il veut faire naître. Par ailleurs, dans la bouche de Jésus, e les béatitudes, telles que formulées dans la reconstruction offerte plus haut, s'écartent de façon importante de leur modèle vétéro-testamentaire. Il ne s'agit pas ici de renier ce qu'on a dit sur l'influence qu'a eue l'Ancien Testament sur la forme de la béatitude ainsi que sur le contenu, cela reste vrai ; la différence majeure se situe ailleurs, soit dans la façon de considérer les destinataires des béatitudes. On a vu plus haut que la béatitude vétéro-testamentaire présupposait de la part du destinataire un comportement précis, directement relié à la révélation de Dieu ; on a souligné que l'*agir* de celui qui était déclaré heureux était directement en cause. Or, tel n'est plus le cas dans la prédication de Jésus. Ce n'est plus celui qui agit conformément à l'alliance ou pour être trouvé juste au jugement qui est loué, mais bien celui que Dieu aime, non pas à cause de son agir, mais à cause de la situation d'injustice où l'ont placé les agissements injustes de ses oppresseurs. Le comportement juste n'est plus attendu des béatifiés d'abord, mais de celui qui est chargé, au nom de Dieu, de réparer les effets du comportement des impies. Ce n'est plus l'attitude de l'homme qui est louée, mais

---

e. Il y a peut-être lieu de préciser ici ce qu'on veut dire en mettant les béatitudes «dans la bouche de Jésus». On a vu à la note «d» que le vocabulaire utilisé dans les béatitudes pour désigner les destinataires des proclamations de bonheur ne semblait pas caractéristique de Jésus. Par contre, le vocabulaire de la promesse de bonheur futur (ou du fondement du bonheur présent), dans la mesure où il est essentiellement fondé sur le concept de Règne de Dieu, est typique de Jésus. Il reste donc à considérer la formule «heureux les...». Le Nouveau Testament emploie cette formule de préférence à «heureux celui (ceux) qui...» qu'on retrouve dans le monde grec et la traduction grecque de l'Ancien Testament, faisant ainsi montre d'une certaine indépendance (HAUCK, p. 367). La question se pose à savoir : Jésus a-t-il utilisé lui-même la forme «béatitude»? On n'arrive pas facilement à la certitude dans ce domaine, mais le présent auteur favoriserait l'hypothèse suivante. Jésus a certainement cherché à rendre plus heureux toute une série de gens défavorisés ou sans droits : publicains, prostituées, femmes, enfants, malades, etc. Peut-être développait-il de longues catéchèses à leur intention où il insistait sur l'aspect suivant : *heureux* êtes-vous, *vous* les malades, les publicains, etc., car Dieu lui-même est sur le point de faire des merveilles pour vous. La tradition chrétienne se serait souvenue de cette caractéristique importante des catéchèses de Jésus et l'aurait rapportée en formules brèves, stéréotypées, en s'inspirant tant pour la forme que pour le contenu (comme on le verra plus loin) de l'Ancien Testament. On peut donc dire tout à la fois que les béatitudes sont de Jésus (elles résument sa prédication à merveille) et qu'elles ne sont pas de lui (Jésus ne les a pas prononcées telles quelles).

la chance de celui qui se sait enfin l'objet de l'amour de Dieu. Enfin, il ne s'agit plus simplement de demander à l'homme de vivre selon l'Alliance, mais de faire concrètement espérer les victimes des bris de l'Alliance. Au fond, la béatitude mise dans la bouche de Jésus est le témoin des bouleversements que se devait d'effectuer le souffle prophétique de l'activité de Jésus dans une forme née dans un milieu sapientiel et développée ensuite en terrain apocalyptique. Et ces bouleversements laissent deviner le scandale qu'a causé l'activité de Jésus. A quoi cela sert-il d'être du bon monde, si ce sont les moins que rien qui sont les préférés de Dieu? A quoi cela sert-il de servir fidèlement, si c'est le vaurien qui est récompensé (Mt 20,1-16; Lc 15,11-32)? Le bonheur des uns déplaisait à beaucoup.

Les béatitudes nous permettent donc de rejoindre une dimension fort importante de l'activité de Jésus et un aspect capital de sa révélation. Dans la pensée de Jésus, pour reprendre une formule de J. Dupont, «Dieu n'est pas neutre».[8] Il a un préjugé en faveur de ceux que la vie écrase. Ainsi Jésus s'emploie-t-il à proclamer la partialité de Dieu, la bonne nouvelle, l'évangile, à ceux qui ont plus de poids que les autres dans le cœur de Dieu. Jésus n'est pas un révolutionnaire; il n'a pas cherché à renverser les situations sociales,[f] mais à faire espérer en Dieu ceux qui n'avaient aucun motif de le faire.

Chez Jésus, la proclamation de bonheur s'adresse aux autres (les petits) au nom de Dieu. Qu'ils se réjouissent, car dans l'amour concret de Jésus pour eux, ils ont le signe de ce que Dieu fera un jour en leur faveur en plénitude.

b. - *Une Eglise araméenne et les pauvres.*

Il est courant d'attribuer à la source Q, et à une couche fort

---

f. Il s'agit ici d'un jugement historique (voir MARTUCCI, J., «La révolution de Jésus», dans *Jésus? De l'histoire à la foi*, Montréal, 1974, pp. 49-65). Un tel jugement laisse intact le problème du comportement chrétien d'aujourd'hui face à la transformation sociale. Jésus a révélé son Dieu comme pouvait le faire un Juif d'il y a deux mille ans. Le chrétien doit révéler le même Dieu en homme d'aujourd'hui. C'est court-circuiter les choses que d'exiger de l'un le comportement de l'autre sans tenir compte des différences de situation. Nous reviendrons là-dessus dans la deuxième partie de ce texte.

ancienne de cette source,[9] les trois béatitudes qu'on vient de faire remonter, pour le fond, à Jésus de Nazareth. Dans ce document, les béatitudes avaient probablement la formulation et l'ordre qu'on leur a attribués plus haut.[10]

Heureux les pauvres,	car à eux le Règne de Dieu.
Heureux ceux qui ont faim,	car ils seront rassasiés.
Heureux les affligés,	car ils seront consolés.

On reconnaît d'ordinaire une forte influence d'Isaïe 61 : 1ss. sur la formulation de ces béatitudes. [g] On fait surtout référence aux passages suivants :

---

g. Voir BOISMARD, pp. 127-28 ; DUPONT, pp. 92-99 ; KOCH, p. 41 ; SCHULZ, p. 80. Ce n'est pas un hasard si les exégètes se réfèrent à Isaïe, à propos des béatitudes, surtout aux ch. 40-66 ; on trouve, en effet, dans ces chapitres un nombre surprenant d'expressions, de thèmes et de concepts qui ont profondément influencé la tradition synoptique en général et les béatitudes en particulier. On trouve d'abord un sentiment marqué de l'absence ou de l'inactivité de Dieu ; ce thème revient de plusieurs façons, dans les paroles de dérision des adversaires, dans les plaintes d'Israël ou encore, indirectement, dans la ferme décision que prend Dieu de se mettre à agir (40,27 ; 42,14 ; 45,15 ; 50,2 ; 57,11 ; 59,1 ; 62,1 ; 63,19 ; 64,6.11 ; 65,6 ; 66,5). C'est la grande noirceur, personne même qui agisse au nom de Dieu pour rétablir la situation (59,16 ; 63,5). Alors ce Dieu, qui tient à ce que soit manifesté son dessein, se décide à intervenir, que ce soit personnellement (48,11 ; 59,16 ; 66,14), ou par son peuple (60,21 ; 63,14) ou bien par un envoyé, un serviteur (42,1-8 ; 49,2-7 ; 53,4-6 ; 61,1-9). C'est le Règne de Dieu qui s'en vient (43,15 ; 52,7). La justice va donc être rétablie (45,8.23-24 ; 51,1 ; 53,11 ; 54,17 ; 58,8 ; 60,17), cela ne tardera pas (46,13 ; 51,5). Or, les promesses de Dieu ne s'adressent pas à n'importe qui, mais d'abord et avant tout aux privilégiés de l'amour de Dieu. Et il est remarquable combien ces derniers ressemblent à ceux que la tradition synoptique nous présente. On y retrouve les pauvres (41,17 ; 58,7 ; 61,1), les indigents (41,17), les assoiffés (41,17 ; 44,3 ; 49,10 ; 55,1), les affamés (49,10 ; 58,7.10) les affligés (61,2.3 ; 66,10) les humiliés (49,13 ; 66,2), les faibles (50,4), les prostrés (51,14), les broyés (57,15 ; 61,1), les opprimés (58,10) les prisonniers (49,9 ; 61,1 ; 42,7), sans parler des aveugles (42,7.16-19 ; 43,8) et des sourds (42,18.19 ; 43,8). Il est évident qu'il s'agit ici de termes classiques pour désigner de diverses façons la même catégorie de personnes, soit celle des sans-droits, des pauvres qu'on humilie, des faibles qu'on jette en prison injustement, des handicapés physiques qui en sont réduits à mendier misérablement, etc. On comprend donc que la tradition chrétienne ait saisi la correspondance de fond entre la révélation de ces chapitres d'Isaïe et celle de Jésus de Nazareth ; et que c'est avec prédilection qu'elle se soit penchée sur ces passages où on décrit le Serviteur par excellence de Dieu, qui souffre pour le salut de tous (cf. 53,4-6). On comprend également que ce n'est pas arbitrairement que les exégètes se réfèrent à Isaïe 61 à propos des béatitudes ; une couche importante de la tradition synoptique les invite à le faire.

L'esprit du Seigneur Yahvé est sur moi,...
il m'a envoyé porter la bonne nouvelle aux pauvres,...
proclamer une année de grâce de la part de Yahvé,...
pour consoler tous les affligés,...
Vous vous nourrirez des richesses des nations,... (61,1.2.6)

Ils n'auront plus faim ni soif,... (49,10)

N'est-ce pas plutôt ceci le jeûne que je préfère...?
N'est-ce-pas partager ton pain avec l'affamé,
héberger chez toi les pauvres sans abri,... (58,6.7)

Les indigents et les pauvres cherchent de l'eau, et rien!
Leur langue est desséchée par la soif.
Moi, Yahvé, je les exaucerai,
Dieu d'Israël, je ne les abandonnerai pas. (41,17)

A la lecture de ces textes, il semble difficile de nier l'influence du vocabulaire isaïen sur la formulation de ces béatitudes. Or, une telle influence demande une explication. La première qui vienne à l'esprit consiste évidemment à faire appel à une influence d'Isaïe sur Jésus lui-même. Une telle explication est historiquement fort plausible, mais outre qu'elle se démontre difficilement, elle ne rend pas compte du rôle joué par les textes d'Isaïe *au niveau littéraire*. En effet, ce qu'on cherche à expliquer à ce stade de notre développement, ce n'est plus la compréhension des béatitudes dans le cadre de la prédication de Jésus, mais leur sens pour l'Eglise qui juge bon de les rapporter.[h] Pour retrouver ce sens, il faut se souvenir que la formulation des béatitudes étudiée présentement est très ancienne, donc qu'elle remonte à une Eglise très proche dans le temps de la mort-résurrection de Jésus-Christ. Il faut se souvenir également de l'extrême dénuement théologique dans lequel se trouvaient les premiers chrétiens après la

---

h. Il ne faut jamais oublier que *la simple présence* d'un texte dans la tradition évangélique est un fait qui demande explication; en effet, une grande (sinon la majeure) partie des gestes et paroles de Jésus sont tombés dans l'oubli (cf. Jn 21,25). En conséquence, le fait que ce texte bien précis qui est objet d'étude ait été conservé doit être expliqué; et cette explication doit évidemment tenir compte de l'intérêt que portait telle ou telle communauté chrétienne au texte en question. En ce sens, une parole ou un récit évangélique parle autant de l'Eglise que de Jésus; et la recherche de la raison de cet intérêt particulier d'une communauté pour un texte fait partie intégrante de la démarche d'enquête sur son sens.

disparition de Jésus. On ne s'était pas attendu à sa mort brutale ; on fut pris par surprise lors des apparitions ; et on se retrouva assez démuni face à l'immense tâche d'évangélisation qui pressait. Qu'on essaie de s'imaginer en quel état de pauvreté se trouvait le monde conceptuel chrétien avant le développement de la tradition évangélique et l'œuvre théologique de Paul. Comment prêcher Jésus-Christ quand on ne peut même pas encore s'expliquer son style particulier d'activité ou les raisons de sa mort aux yeux de Dieu ? Quand on ne sait même pas pourquoi Dieu a ressuscité *cet* homme en particulier ou bien comment justifier sa foi face à ses compatriotes qui contestent la révélation apportée par cet homme de Nazareth ? Il fallait bien commencer quelque part. Or, justement, un texte ancien comme celui des béatitudes nous montre un des plus importants points de départ qui fut utilisé, soit la recherche scripturaire, et spécialement dans les chapitres 40-66 d'Isaïe.[i]

L'influence d'Isaïe apparaît clairement au niveau des termes utilisés pour désigner les destinataires des béatitudes : pauvres, affamés, affligés. Au niveau de la clausule, les liens de dépendance apparaissent à première vue moins clairs, ils n'en sont pas moins réels pour autant. En 61,1 on parle d'évangéliser (« porter la bonne nouvelle ») les pauvres. On sait que le mot « évangile » (qui vient d'Isaïe) deviendra un terme technique du vocabulaire chrétien ; dans la première béatitude, cependant, il est remplacé par le terme caractéristique de la prédication de Jésus, soit celui de « Règne de Dieu » ; mais il est intéressant de noter que même en Isaïe la bonne nouvelle est définie par le Règne de Dieu :

> Qu'ils sont beaux sur les montagnes les pieds du messager
> qui annonce la paix,
> du messager de bonnes nouvelles qui annonce le salut,
> qui dit à Sion : « Ton Dieu règne ». (52,7 comp. Mc 1,14-15)

---

i. Peut-être Jésus lui-même chérissait-il ces textes et est-il à l'origine de l'intérêt de l'Eglise pour Isaïe. Mais cette prédilection de Jésus (qui pouvait lui venir de sa recherche du sens de sa mission) ne doit pas faire obstacle à l'étude du sens de ces textes pour l'Eglise (qui cherchait à y comprendre l'événement Jésus-Christ et à en déduire les lignes de force de la mission chrétienne).

Quant à la promesse de consolation appliquée aux affligés, elle se retrouve telle quelle en 61,2. Il reste la promesse faite aux affamés d'être «rassasiés». Le passage le plus significatif qu'on puisse citer à cet égard est certainement le suivant:

> Si tu te prives pour l'affamé
> et si tu rassasies l'opprimé, . . .
> Yahvé sans cesse te conduira,
> il te rassasiera dans les lieux arides, . . .
> et tu seras comme un jardin arrosé,
> comme une source jaillissante
> dont les eaux ne tarissent pas. (58,10-11; cf. 53,11; 55,2; 66,11)

On peut donc dire que, sauf le terme «heureux» qui est d'origine sapientielle, le vocabulaire utilisé dans les béatitudes est tiré d'Isaïe 40-66.

La communauté chrétienne à qui nous sommes redevables de ces béatitudes, se fondant sur le souvenir du style d'activité de Jésus de Nazareth, s'est donc servie du prophète Isaïe pour se donner un condensé de l'activité et de la prédication de Jésus. Ce faisant, elle nous a laissé un précieux témoignage sur elle-même. Elle nous dit d'abord qu'elle voit dans la prédication de Jésus l'accomplissement de l'espérance dont vivait Isaïe. Par là, elle témoigne d'une christologie implicite. En effet, par le simple fait de s'en référer à Isaïe, elle nous laisse deviner sa façon de considérer Jésus-Christ: c'est celui qui a reçu à la résurrection la plénitude de l'Esprit promis (61,1; 42,1), c'est le serviteur tant attendu (42,1), cet homme de douleurs par qui Dieu veut sauver les siens (52,13-53,12), en particulier les pauvres, les opprimés, les sourds, les aveugles, etc. Cette communauté a donc fait beaucoup de découvertes dans sa recherche du sens de Jésus-Christ: elle comprend pourquoi Jésus s'est tellement préoccupé des pauvres et des petis, pourquoi il est mort, pourquoi c'est lui que Dieu a ressuscité d'entre les morts et comment il faut répondre aux Juifs qui, à coups de références scripturaires, refusent la prédication chrétienne.

Mais il y a plus à tirer de cette formulation des béatitudes. En effet, cette communauté chrétienne qui nous a laissé les béatitudes et quelques-uns des plus vieux textes de la tradition évangélique, n'est pas uniquement préoccupée de s'exprimer Jésus-Christ, mais elle cherche également à se dire sa propre mission. En effet, c'est une constante de la révélation néotestamentaire d'être un « appel à la suite de ». Le chrétien est celui qui se voit chargé de poursuivre la tâche inaugurée par Jésus-Christ : révélation implique de soi mission. La façon dont on comprend Jésus-Christ laisse entendre comment on comprend sa mission à soi. Or l'ensemble d'Isaïe 40-66 implique un envoi auprès des pauvres et des opprimés. De plus, la forme même qui est utilisée, celle de la béatitude, est appropriée à une charge missionnaire. En effet, on ne dit pas : Heureux sommes-nous, chrétiens pauvres, affamés, etc., mais : Heureux sont-*ils*. Rien n'obligeait cette communauté à choisir cette forme plutôt qu'une autre. Qu'on ait choisi celle-ci en particulier est donc significatif de la conception qu'on a de sa mission chrétienne. Et, manifestement à la suite de Jésus, on a une conception missionnaire, évangélisatrice. Si Dieu a authentifié le style d'action de Jésus en le ressuscitant d'entre les morts, et s'il a jugé bon de révéler cette résurrection aux chrétiens, c'est donc qu'il attend de ceux-ci un comportement identique à celui de Jésus. Comme lui, il faut donc faire espérer pauvres, affamés et affligés. Comme lui, mais pas de la même manière. Car Jésus était *un* homme, alors qu'on est une *communauté*. Et il y a une énorme différence entre les possibilités d'action d'un homme et celles d'une communauté. Il est relativement facile à un homme d'agir suivant ses convictions, alors que l'action commune relève d'un processus fort complexe et implique une profonde solidarité et un long cheminement dans le partage des motivations. Dans le cas de la communauté qui nous occupe maintenant, c'est la catéchèse, faite à partir du souvenir de Jésus et de la christologie exprimée à l'aide d'Isaïe, qui motive l'agir commun en faveur de ceux pour qui Jésus avait donné sa vie.

Dans cette Eglise araméenne, la proclamation de bonheur s'adresse aux autres (les petits) au nom de Jésus-Christ. Qu'ils se réjouissent, car dans l'amour concret des chrétiens pour eux, ils ont le signe de ce que Dieu fera un jour en leur faveur en plénitude.

c. - *Une Eglise judéo-hellénistique et les pauvres*

La source commune à Matthieu et Luc contient une quatrième béatitude qu'il nous faut maintenant examiner. Sa formulation primitive est assez difficile à reconstituer,[j] mais elle devait ressembler d'assez près à ce qui suit:

Heureux êtes-vous
   quand ils vous haïront
     et vous expulseront
     et insulteront
     et proféreront un nom mauvais contre vous,
   à cause du Fils de l'homme.
Réjouissez-vous et soyez dans l'allégresse,
   car votre récompense est grande dans les cieux,
   ainsi, en effet, ils ont fait aux prophètes d'avant vous.

Point n'est besoin d'être très observateur pour noter les grandes différences tant de forme que de contenu qui existent entre cette béatitude et les trois premières. Au niveau formel, on remarque immédiatement l'emploi de la seconde personne, l'utilisation de la formule « heureux êtes-vous quand » au lieu de « heureux les (ceux qui) », ainsi que la longueur et l'aspect détaillé des développements. Les différences de contenu sont tout aussi considérables.[11] On insiste beaucoup sur les marques d'hostilité que devront subir les destinataires de la béatitude; de plus, ces souffrances sont présentées comme futures, alors que les souffrances envisagées par les premières béatitudes étaient considérées comme présentes: on s'adressait aux pauvres, affamés, affligés d'alors. Le Règne de Dieu ne semble plus entrer en ligne de compte. Bien plus, il n'y a pas de référence à la joie eschatologique, telle qu'elle existait dans les premières béatitudes; en effet, ce qu'on disait alors, c'était: Heureux êtes-vous dès maintenant, car vous serez bientôt au comble de la joie, Dieu s'apprêtant à vous faire don de son Règne. Dans la présente béatitude, au contraire, la joie est ramenée dans le présent, ce qui

---

j. Suivant la démarche adoptée jusqu'ici, c'est lors de l'étude des versions propres à Matthieu et Luc que seront présentées les modifications rédactionnelles apportées par les évangélistes à leur source et donc que se trouvera justifiée la présente reconstruction (ainsi que celles qui ont précédé).

entraîne la nécessité de la motiver. Or, un de ces motifs apporté concerne une récompense qui n'est d'ailleurs pas précisée et qui contrairement aux autres béatitudes, n'est pas en correspondance directe avec la souffrance envisagée. Enfin, les liens avec l'Ancien Testament sont beaucoup plus ténus, tandis qu'il y a une référence assez directe à Jésus-Christ (Fils de l'homme), contrairement, ici aussi, aux trois premières béatitudes.

A cause de toutes ces différences, la plupart des exégètes considèrent cette béatitude comme secondaire et lui attribuent une origine plus tardive qu'aux premières. D'abord, suivant l'ensemble de la tradition, la forme à la seconde personne n'est pas primitive. Ensuite, bien que les verbes exprimant les mauvais traitements soient au futur, les verbes principaux, qui donnent le ton à la béatitude, sont au présent, ce qui laisse entendre que les souffrances mentionnées sont actuellement endurées. Or, il faut supposer un certain temps avant que se généralise l'expérience chrétienne de souffrances supportées au nom de la foi, au point d'être stylisée dans un texte comme celui-ci. On a noté également que le Règne de Dieu n'est pas mentionné ; à cet égard, c'est un fait frappant de la tradition néo-testamentaire que le thème du Règne de Dieu, si caractéristique qu'il ait été de Jésus, est disparu assez vite du vocabulaire chrétien, au profit d'expressions christologiques. Or, justement, on a dans cette béatitude une expression christologique caractérisée, soit celle du Fils de l'homme. On ne peut certes ici creuser cette difficile question, [12] mais il est couramment admis que l'identification entre Jésus et le Fils de l'homme est plus tardive que la distinction ; or, ici, l'identification semble bien faite. Au fond, on souffre au nom de Jésus-Christ. Quant à la finale, qui motive la joie et l'allégresse, elle contient des éléments qui peuvent être fort anciens (récompense, sort fait aux prophètes), mais leur présence signifie seulement que tout n'est pas tardif dans ce texte, et ne constitue pas un argument qui ait assez de poids pour amener à considérer l'ensemble de la béatitude comme primitif. Il faut donc conclure que la quatrième béatitude n'a pas été rédigée en même temps que les premières (ni peut-être dans le même milieu).[k]

Tout comme les premières béatitudes, celle-ci nous dit quelque chose de l'Eglise dans laquelle elle est née. D'abord, évidemment, il s'agit d'une Eglise qui souffre à cause de sa foi en Jésus-Christ. [13] On endure des attitudes de mépris et on est tenu à l'écart du reste de la société; on n'a pas à s'en surprendre, les prophètes ont rencontré les mêmes difficultés. On songe immédiatement à Jérémie, ou encore aux souffrances du mystérieux Serviteur d'Isaïe; mais surtout, on pense aux réactions rencontrées par Jésus durant sa vie et aux raisons de sa mort. Or, tous ces hommes n'ont pas souffert simplement à cause de quelque inéluctable nécessité; c'est le contenu même de la révélation de Dieu, tel qu'il transparaissait dans leurs paroles et leurs gestes, qui leur attirait des réactions de rejet. On en avait, en particulier, contre l'aspect le plus distinctif de leur activité, cette sorte de violent scandale face à la situation du peuple, aux injustices, à l'hypocrisie, et à l'état d'oppression dans lequel étaient tenus les pauvres et les petits. Cette béatitude contient donc, au moins implicitement, l'explication et la justification des souffrances endurées : on est méprisé parce qu'on est fidèle à agir comme Jésus et les prophètes avant lui. Ce qui revient à dire qu'on endure les conséquences d'un amour prophétique manifesté aux pauvres, aux affamés, aux affligés. Ce n'est donc pas par hasard que cette quatrième béatitude est rattachée aux trois premières, et ce n'est pas simplement les ressemblances de forme («heureux...») qui ont amené leur union, mais bien des exigences de contenu, elles-mêmes basées sur des expériences

---

k. Il n'est pas facile de savoir si la quatrième béatitude a été *rédigée* à la suite des trois premières, ou si elle est née de façon indépendante d'elles et simplement *ajoutée* à un moment ou l'autre de la transmission. Suivant cette dernière hypothèse, il faudrait suivre la démarche suivante: étude des trois premières béatitudes, étude de la quatrième (milieu de vie), union des quatre béatitudes (milieu de vie), utilisation dans la rédaction finale de la source Q. A défaut d'indices suffisants, nous avons préféré nous en tenir au fait littéraire que constitue l'union des quatre béatitudes suivant la version de Lc 6,20-23, et considérer ce que signifie cette union littéraire de la quatrième béatitude aux trois premières. De toute façon, quelle que soit l'hypothèse adoptée, le sens dont on va parler a de fait existé à un moment ou l'autre de la transmission de ce texte. Enfin, il convient de signaler que la double motivation à la joie (récompense, sort des prophètes) est le signe de la complexité de l'histoire de cette béatitude.

vitales. Cette communauté a pris conscience du fait que les attaques subies lui venaient directement de sa fidélité à prendre sa mission au sérieux. En exerçant équivalemment la même activité que Jésus, elle subit le même sort. Et ces souffrances endurées à cause du Fils de l'homme lui font prendre conscience d'elle-même. Elle, qui jusque-là s'était consacrée tout entière à la mission, commence à se rendre compte que cette même mission lui cause des problèmes et crée chez elle des besoins qu'il est urgent de combler. Il est difficile d'aimer les petits et d'aimer les ennemis qu'on s'est faits par là-même; il est souffrant d'être continuellement rejeté et de vivre dans le dénuement au service de Jésus-Christ; on a la tentation de refuser la tâche, ou d'en faire le moins possible; par ailleurs, dans le feu de l'action les tensions montent et on est prompt à se juger sans ménagement. On ressent donc un besoin pressant de catéchèses, d'exhortations, d'encouragements, etc. Justement une bonne partie des textes de la source Q est consacrée à ces tâches.[14] Et c'est dans ce contexte qu'il faut situer la quatrième béatitude. Elle s'adresse aux chrétiens qui sont en difficulté après avoir pris leur mission au sérieux et qui en sont tout décontenancés. On a donc ici, dans la bouche d'un prophète chrétien,[1] une parole qui vise à calmer les

---

1. Les textes classiques sur les prophètes chrétiens sont ceux de KÄSEMANN, E., « Un droit sacré dans le Nouveau Testament », *Essais exégétiques,* Neuchâtel, 1972, pp. 227-41 ; « Les débuts de la théologie chrétienne », *ibid.*, pp. 174-98 ; « Sur le thème de l'apocalyptique chrétienne primitive », *ibid.*, pp. 199-226. Un point de vue opposé est présenté par COTHENET, E., « Les prophètes chrétiens dans l'Evangile selon saint Matthieu », dans *L'évangile selon saint Matthieu. Rédaction et théologie.* Sous la direction de M. DIDIER, BETL 29, Gembloux, 1972, pp. 281-308.
La quatrième béatitude est très probablement née dans la tradition orale ; son auteur (quel que soit le nom qu'on donne à la fonction qu'il occupait) s'adressait sans doute directement à ses auditeurs. Le texte écrit qu'on a sous les yeux est fortement imprégné de son origine orale ; mais il semble avoir été remanié en fonction de la prise de conscience d'un temps de l'Eglise distinct du temps de Jésus. Le prophète chrétien, par exemple, devait dire à ses auditeurs : Heureux êtes-vous, vous qui souffrez de la haine de votre entourage, etc. Mais quand cette parole est située dans un nouveau contexte, où c'est maintenant *Jésus* qui parle, elle doit être modifiée, puisqu'elle devient maintenant une prédiction attribuée à Jésus. Et il y a plus ici qu'un simple travail de modification littéraire ; le fait de mettre une telle parole dans la bouche de Jésus indique la conscience qu'on a d'être fidèle à Jésus-Christ, d'une part, et, par ailleurs, de vivre dans une communauté où celui-ci agit à travers les

inquiétudes : ce n'est pas parce que les chrétiens font quelque chose de mal qu'ils souffrent, bien au contraire ; ces souffrances elles-mêmes devraient donc être causes de joie, car elles sont la marque de grande fidélité à Jésus-Christ et, plus largement, elles se situent dans la lignée prophétique. Vient ensuite la parole d'encouragement : qu'on n'oublie pas la grande récompense qui est déjà là pour eux dans les cieux.

Cette quatrième béatitude, on le devine sans doute, marque un tournant dans l'histoire chrétienne de cette forme. En effet, jusqu'à elle, les béatitudes étaient une sorte de nomenclature missionnaire : on présentait ceux à qui il fallait annoncer la bonne nouvelle. Maintenant, la béatitude est mise au service de la catéchèse chrétienne, elle vise directement les chrétiens. On se parle à soi. On ne peut plus simplement se contenter de proclamer la bonne nouvelle aux autres ; on a essuyé tellement de refus, on a enduré tellement de souffrances, que maintenant on se considère soi-même comme les destinataires de la bonne nouvelle, on a soi-même besoin de bonne nouvelle. Il y a donc bien plus qu'un simple changement formel dans le passage de la troisième à la seconde personne dans cette béatitude, il y a un profond changement de perspective.

Dans cette Eglise judéo-hellénistique, la proclamation de bonheur s'adresse encore aux autres (les petits) au nom de Jésus-Christ. Mais on commence à s'adresser aux chrétiens en butte aux souffrances. Qu'ils se réjouissent, car ils sont fidèles à Jésus-Christ et grande est leur récompense dans les cieux.

---

différentes fonctions qui s'y exercent (que ce soit celle du prophète ou celle du scribe). Enfin, il convient sans doute de signaler que beaucoup de traditions utilisées au niveau final de la rédaction de la source Q, tout en étant tardives dans leur formulation, peuvent sans doute, pour le fond, remonter à Jésus ; ainsi, ce n'est pas seulement le Christ ressuscité qui y parle à travers les membres de la communauté, mais également, pour une part, l'homme de Nazareth. Dans cette béatitude, par exemple, il est possible qu'on puisse remonter aux souffrances de Jésus et de ses disciples, à l'appel que faisait Jésus au jugement du Fils de l'homme lors de discussions avec ses adversaires, à la qualité prophétique de la conscience qu'avait Jésus de sa mission, etc.

d. - *L'Eglise de Luc et les pauvres*

Le texte de la version lucanienne des béatitudes, en regard de la reconstitution de la source Q utilisée jusqu'à maintenant, se lit comme suit :[m]

Lc 6,20-23   *Q*

20a *Et lui, levant ses yeux sur ses disciples, disait :*

20b Heureux les pauvres,	Heureux les pauvres,
car *vôtre* est le Règne de Dieu.	car à eux est le Règne de Dieu.
21a Heureux ceux qui ont faim *maintenant,*	Heureux ceux qui ont faim.
car *vous* serez rassasiés.	car ils seront rassasiés.
21b Heureux *ceux qui pleurent maintenant,*	Heureux les affligés,
car *vous rirez.*	car ils seront consolés.
22 Heureux êtes-vous quand *les hommes*	Heureux êtes-vous quand
vous haïront	ils vous haïront
et quand ils vous expulseront	et vous expulseront
et insulteront	et insulteront
et chasseront *votre* nom	et proféreront un nom
comme mauvais,	mauvais contre vous,
à cause du Fils de l'homme.	à cause du Fils de l'homme.
23 Réjouissez-vous *en ce jour-là*	Réjouissez-vous,
et *exultez,*	et soyez dans l'allégresse,
voici, en effet, que	car
votre récompense est grande	votre récompense est grande
dans le ci*el,*	dans les cieux,
de la même manière, en effet,	ainsi, en effet,
leurs pères agi*ssaient*	ils ont agi
envers.les prophètes.	envers les prophètes d'avant
	vous.

---

m. On a souligné ce qui peut être vraisemblablement mis au compte de l'activité rédactionnelle de Luc. A cet égard, il convient de noter que, s'il est assez aisé de discerner certains traits de l'activité radactionnelle d'un évangéliste (particularités de style, jeux de composition, etc.), ce l'est beaucoup moins de tracer la ligne de démarcation entre la tradition et le rédacteur. Tout en ayant son originalité propre, un auteur doit une grande partie de sa pensée à son milieu de vie ; et cette tradition vivante peut être à l'origine, au moins indirectement, d'un bon nombre de changements rédactionnels.

L'activité rédactionnelle de Luc s'est manifestée d'abord dans le choix de l'endroit où il a décidé de situer les béatitudes,[15] dans les modifications stylistiques apportées[16] ainsi que dans les changements au niveau du contenu.[17] Pour la première fois, les béatitudes sont explicitement mises dans la bouche de Jésus-Christ; il ne s'agit plus, comme ce pouvait être le cas auparavant, de résumés stéréotypés de la prédication de Jésus ou d'encouragement qu'un officier de l'Eglise adresse à sa communauté; maintenant, et de façon claire, les béatitudes sont proclamées par Jésus-Christ lui-même. Et elles sont adressées aux «disciples»; dans l'évangile de Luc, les disciples sont la foule de ceux qui écoutent Jésus-Christ (cf. 6,17.27). Suivant l'intention de l'évangéliste, qui vise à expliciter le sens de l'événement Jésus-Christ pour sa communauté, les disciples qui écoutent Jésus représentent de fait les chrétiens de son Eglise à l'écoute du Christ ressuscité. Dans les béatitudes, c'est donc le Christ vivant qui s'adresse aux chrétiens que Luc a en vue. Il faut remarquer ici que, dans l'histoire des béatitudes, c'est la première fois qu'elles deviennent uniquement adressées aux chrétiens. Le mouvement amorcé par la quatrième béatitude est maintenant à terme : les «autres», les gens de l'extérieur, les non-chrétiens ne sont plus visés par cette prédication. Il s'agit maintenant exclusivement d'une affaire d'Eglise; on est entre chrétiens.

Cette façon de concevoir les béatitudes, que Luc annonçait dans la rédaction du verset d'introduction 6,20a, est clairement exprimée dans la suite du texte, ce qui nous amène à considérer un des principaux changements effectués par Luc, soit le passage de la troisième à la seconde personne dans les trois premières béatitudes. Luc y interpelle directement les chrétiens, et, indirectement, il les décrit. Les chrétiens qu'il connaît, ceux de son Eglise, sont pauvres, affamés, en pleurs.[18] La pauvreté, la faim, la désolation sont tous des maux qui affligent les chrétiens; ici, la pauvreté est loin d'être considérée comme un idéal à atteindre, au contraire, c'est un état de misère condamnable.[n] Mais cet état de détresse ne doit pas empêcher la

---

n. Luc semble moins intéressé à porter un jugement sur la pauvreté ou la richesse

proclamation de bonheur, non seulement à cause des promesses dont font l'objet les destinataires des béatitudes, mais, maintenant, à cause de la raison qui explique cet état d'infortune. En effet, la rédaction de Luc a pris soin d'étendre le «vous» de la quatrième béatitude aux trois premières et de modifier le texte de la dernière pour dire aux chrétiens : «Les hommes... chasseront *votre* nom comme mauvais à cause du Fils de l'homme». De la sorte, suivant la rédaction de Luc, les quatre béatitudes forment un tout. Malgré leur misère, les chrétiens doivent se réjouir ; car s'ils sont pauvres, affamés, désolés, c'est à cause du Fils de l'homme. Leur fidélité à suivre Jésus-Christ, à le prendre au sérieux et à le proclamer fait qu'ils sont économiquement affligés, ainsi que socialement et religieusement rejetés. Le nom même de chrétien fait horreur. [19]

Il faut essayer de mesurer concrètement le degré de souffrance des chrétiens auxquels Luc s'adresse, si on veut bien comprendre ce que Luc cherche à dire par son travail de rédaction. Ce n'est pas gai d'être pauvre et d'avoir faim : on se plaint et on se lamente. Ce n'est pas gai non plus d'être haï et insulté, d'être méprisé et montré du doigt parce qu'on est chrétien : on est porté alors à se demander si on s'est bien conduit et si on a eu raison de devenir ce genre de chrétien. C'est ce flottement dans la communauté, ce début de désespérance que Luc combat. Et il le fait de plusieurs façons. En faisant parler le Christ aux siens, dans une interpellation directe : Vous ! En le faisant se prononcer sur le «maintenant» de la situation des chrétiens : C'est à vous qui êtes maintenant dans la misère que je m'adresse. En le faisant réconforter la communauté : Le Règne de Dieu et son cortège de biens sera à vous ; ce n'est pas simplement à

considérées comme telles, qu'à se prononcer à partir de son point de vue de chrétien. Il ne s'adresse pas aux pauvres en tant que tels, mais, dans les béatitudes, aux chrétiens pauvres à qui il veut montrer le sens de leur misère. Par ailleurs, il n'hésite pas à parler des riches, mais alors, c'est pour condamner leur assurance contre Dieu. Jamais, toutefois, il ne va demander à quelqu'un de devenir pauvre ou exhorter un pauvre à le rester.

cause des circonstances que vous souffrez, mais à la suite de votre fidélité au Fils de l'homme, et votre récompense est déjà là à vous attendre au ciel; vous n'avez pas à vous étonner de vos souffrances, regardez comment vos ennemis se conduisaient envers les prophètes. Luc cherche donc à montrer aux siens que leur situation est une composante normale de la vie chrétienne et qu'elle doit se vivre dans la joie, puisqu'elle témoigne de leur fidélité et justifie tous les espoirs. La souffrance demeure (et demeurera), mais elle doit susciter la paix et la joie.

L'évangéliste avait à s'adresser à une communauté concrète et ce sont les besoins de la cause qui lui dictent les modifications rédactionnelles à effectuer. Il faut insister pour dire qu'il était pleinement justifié d'agir comme il l'a fait. Ceci dit, il nous faut maintenant chercher à mesurer l'impact de son texte par rapport à l'histoire des béatitudes avant qu'il utilise ces dernières dans son évangile. Il faut avouer que cet impact est considérable. D'abord, le travail de Luc élimine complètement l'aspect de proclamation missionnaire auprès des miséreux, qui était essentiel à la conception première des béatitudes. On n'y voit plus Jésus de Nazareth en train de parcourir la Galilée à la recherche des brebis perdues, pour leur manifester l'amour privilégié de Dieu. On n'y voit plus ces premières Eglises qui cherchaient, à leur mesure, à adopter un comportement identique à celui de Jésus, en signifiant l'amour de Dieu en faveur des plus démunis de la société. Dans l'évangile de Luc, les béatitudes ne véhiculent plus l'image d'une Eglise qui cherche à changer concrètement le présent des miséreux pour leur faire espérer le futur de Dieu. Les béatitudes, maintenant, ne visent plus les «autres», mais les chrétiens. Et, certes, ces chrétiens sont pauvres. Mais il est remarquable que le texte n'est même pas un appel à faire quelque chose en faveur des chrétiens qui sont pauvres, à changer leur condition d'infortune. On pourrait même dire: au contraire. On considère ici que les chrétiens sont pauvres *parce qu'*ils sont chrétiens.[20] Il est donc tout à fait en dehors de la perspective lucanienne que de voir dans ces béatitudes un appel fait aux chrétiens riches de venir à l'aide des chrétiens pauvres. Pour Luc, on n'a pas à chercher à éliminer la pauvreté chez les chrétiens, mais à encourager ces derniers à vivre joyeusement leur pauvreté.[o]

La béatitude garde donc chez Luc sa caractéristique d'être proclamation de bonheur; mais cette proclamation n'est plus faite de la même façon. Avant, il s'agissait de poser un geste qui ait un lien de signification direct avec le futur. Maintenant, il s'agit de faire une catéchèse d'encouragement et de consolation qui donne une justification de foi à une souffrance qui existe maintenant et semble destinée à perdurer. Car, dans la mesure où c'est la prédication du kérygme ou de la mort-résurrection de Jésus-Christ qui devient à l'origine de la souffrance (les pauvres l'acceptent; les riches la refusent; et la communauté devient considérée comme un ramassis de gens méprisables), celle-ci ne pourra jamais disparaître, tant que l'Eglise sera fidèle à sa mission. Prêcher Jésus-Christ remplace donc la lutte en faveur des pauvres au nom de Jésus-Christ, comme cause fondamentale de la souffrance chrétienne. Il n'y a donc pas à chercher à alléger cette souffrance, à détruire cette pauvreté, mais à en montrer la nécessité et à en faire espérer la récompense. Le futur n'est plus à espérer parce que, étant pauvre, on s'est vu aimé et qu'on est ainsi devenu capable d'espérer en l'amour de Dieu, mais il devient objet de foi parce que, étant pauvre à cause de sa foi, on s'est fait dire que Jésus-Christ avait à cœur de récompenser les siens.

L'activité rédactionnelle de Luc a donc considérablement transformé le sens des béatitudes. Certes, le travail était déjà commencé avant lui, comme en témoigne la quatrième béatitude, mais Luc lui a donné une forme achevée. Il ne s'agit pas, pour le moment, d'évaluer l'entreprise de l'évangéliste, encore moins de se mettre à faire des choix entre les différentes significations qu'ont prises les béatitudes au cours de leur histoire. Ce qui importe, c'est de mesurer le fossé qui séparait le temps de Jésus de Nazareth de celui de Luc et de prendre conscience des profondes transformations qu'ont dû subir les textes chrétiens pour être continuellement aptes à exprimer la foi et la mission de

---

o. Dans l'évangile de Luc, le thème du don de ses biens aux pauvres est considéré du côté des riches et non de celui des pauvres. Il s'agit d'abord et avant tout de tirer les riches de l'égoïsme qui les étouffe, plutôt que les pauvres de leur misère.

révélation. Ce n'est qu'une fois chaque moment de l'histoire bien situé et compris par rapport au déroulement de l'ensemble, que peut se poser correctement la question du sens pour aujourd'hui. Or, il reste un dernier moment à étudier et il est des plus marquants.

Dans l'évangile de Luc, la proclamation de bonheur s'adresse aux chrétiens qui souffrent au nom de Jésus-Christ. Qu'ils se réjouissent, car ils sont fidèles à Jésus-Christ et grande est leur récompense dans le ciel.

e. - L'Eglise de Matthieu et les pauvres

Le texte matthéen des béatitudes, en regard de la reconstitution de la source Q utilisée jusqu'ici, se présente comme suit :[p]

Mt 5,3.4.6.11-12

	Q
1-2 *Or, voyant les foules, il monta dans la montagne et, quand il se fut assis, ses disciples vinrent à lui ; et, ouvrant sa bouche, il les enseignait, disant :*	
3 Heureux les pauvres *en esprit* car à eux est le Règne *des cieux.*	Heureux les pauvres, car à eux est le Règne de Dieu.
4 Heureux les affligés, car ils seront consolés.	Heureux ceux qui ont faim, car ils seront rassasiés.
6 Heureux ceux qui ont faim *et soif de la justice,* car ils seront rassasiés.	Heureux les affligés, car ils seront consolés.
11 Heureux êtes-vous quand ils vous insulteront et *persécuteront* et *diront tout* mal contre vous, *en mentant,* à cause *de moi.*	Heureux êtes vous quand ils vous haïront et vous expulseront et insulteront et proféreront un nom mauvais contre vous, à cause du Fils de l'homme.
12 Réjouissez-vous et soyez dans l'allégresse, car votre récompense est grande dans les cieux, ainsi, en effet, ils ont *persécuté* les prophètes d'avant vous.	Réjouissez-vous et soyez dans l'allégresse, car votre récompense est grande dans les cieux, ainsi, en effet, ils ont agi envers les prophètes d'avant vous.

p. Ce qu'on a dit à la note « m » est ici applicable à Matthieu.

L'activité rédactionnelle de Matthieu s'est manifestée tant dans le choix de l'endroit où il a décidé de situer les béatitudes[21] que dans les modifications de contenu dont l'importance s'avère considérable.[22] A la différence de Luc, cependant, Matthieu ne s'est pas limité à retoucher les béatitudes reçues de la source Q en fonction de sa vision des choses, mais il en a introduit cinq autres.[q]

I Heureux les pauvres en esprit,...
II Heureux les affligés,...
1 Heureux les doux,
    car ils hériteront la terre.
III Heureux ceux qui ont faim et soif de la justice,...
2 Heureux les miséricordieux,
    car ils seront l'objet de miséricorde.
3 Heureux les purs de cœur,
    car ils verront Dieu.
4 Heureux les artisans de paix,
    car ils seront appelés fils de Dieu.
5 Heureux les persécutés à cause de la justice,
    car à eux est le Règne des cieux.
IV Heureux êtes-vous quand ils vous insulteront et persécuteront...

Il va sans dire que l'insertion de cinq béatitudes n'est pas sans bouleverser la dynamique de signification qui existait dans la source Q entre les trois premières béatitudes, d'un côté, et la quatrième, de l'autre : on souffrait parce qu'on avait été fidèle à faire espérer les pauvres. Matthieu, on le verra, a autre chose à dire.[23]

Par le fait de situer les béatitudes à l'intérieur d'un écrit qui rapporte les paroles et gestes de Jésus-Christ, Matthieu, tout comme Luc mais indépendamment de lui, fait en sorte que les béatitudes sont maintenant proclamées par Jésus-Christ lui-même. Suivant le cadre créé par l'évangéliste,[24] ces déclarations

---

q. Une étude en règle de l'origine de ces cinq béatitudes n'est pas envisagée ici ; on les considère dans la mesure où elles éclairent les modifications apportées par Mt aux béatitudes de la source Q. Voir DUPONT, I, pp. 251-64 ; III, pp. 307-29 ; point de vue opposé chez STRECKER, pp. 190-91. On ne se tromperait sans doute pas en affirmant, d'une part, que ces béatitudes ne se trouvent pas dans la source Q et, d'autre part, qu'elles ne sont pas toutes une création de Mt ; il a pu puiser à une tradition particulière. Par ailleurs, il ne faut pas oublier que l'insertion de ces béatitudes dans le cadre fourni par la source Q est une activité rédactionnelle.

de bonheur sont adressées aux «foules» et aux «disciples» rassemblés autour de Jésus. Il s'agit là de l'enseignement eschatologique du nouveau Moïse, enseignement qui vise, bien sûr, les chrétiens de l'Eglise matthéenne. Voilà donc le Christ vivant qui parle aux siens. Chez Luc, il interpellait ses chrétiens : Vous ! Chez Matthieu, à partir de la vieille forme qui parle à la troisième personne, indirectement, il exhorte : Seuls peuvent être proclamés heureux maintenant, et donc hériter des promesses, ceux qui ont les caractéristiques suivantes : pauvreté en esprit, affliction, douceur, etc.

Les premiers à être déclarés heureux sont les pauvres «en esprit». Le sens de l'expression est discuté depuis fort longtemps. On s'est demandé si la précision matthéenne n'indiquerait pas la cause de la pauvreté ou la réalité dont on était privé ; on a exploré l'idée d'une pauvreté matérielle à laquelle s'ajouterait une quelconque attitude spirituelle ; on a pensé à ceux qui s'avouaient être spirituellement en difficulté ; on s'est référé à «l'esprit de pauvreté», etc. Actuellement, on semble avoir tendance à considérer que Matthieu donnait sensiblement à l'expression le sens que les gens de Qumrân y voyait et que la bible exprime dans des textes comme ceux-ci :

Le Seigneur est près des cœurs brisés,
et il sauve les esprits abattus. (Ps 34,19)

Haut-placé et saint je demeure,
tout en étant avec celui qui est broyé
et qui en son esprit se sent rabaissé,
pour rendre vie à l'esprit des gens rabaissés,
pour rendre vie au cœur des gens broyés. (Is 57,15)

C'est vers celui-ci que je regarde :
vers l'humilié, celui qui a l'esprit abattu,
et qui tremble à ma parole. (Is 66,2)

Au terme d'une longue analyse de la question, J. Dupont est d'avis que la précision «en esprit» amène une «transposition complète» du concept de pauvreté. Matthieu a voulu par là montrer la portée spirituelle qu'il attribuait au mot «pauvre». Pour lui, il s'agit des «rabaissés d'esprit», des «humbles d'esprit».

« L'état du porte-monnaie n'a rien à voir dans cette désignation ; elle ne veut décrire qu'une attitude d'âme à l'égard de Dieu et du prochain,cette attitude que résume pour nous le mot humilité. »[25] Le pauvre en esprit, c'est celui qui supporte tout avec patience. Ce sens sera appuyé par la suite de la version matthéenne des béatitudes. Mais il faut faire remarquer dès maintenant l'importance du changement de compréhension chez Matthieu. En effet, pour la première fois dans l'histoire des béatitudes, on n'a plus en vue les pauvres au sens matériel du terme. La perspective est radicalement changée. On ne s'adresse plus à un groupe sociologiquement démuni, mais on invite les destinataires à adopter (ou à continuer d'adopter) un certain comportement qui se situe dans la ligne de l'humilité. On vient donc de passer au plan de la morale, à celui des vertus chrétiennes à pratiquer comme conditions d'entrée dans le Règne de Dieu.[26]

Suivant l'ordre adopté ici, la seconde béatitude est celle qui traite de l'affliction. Matthieu l'a laissée telle quelle, sans la retoucher ; ce ne peut donc être que le contexte qui permettre de comprendre quel sens il y voyait. Il est ici nécessaire d'anticiper quelque peu sur la suite, mais on ne peut que souscrire au jugement de ceux qui soutiennent que, pour Matthieu, le participe «affligés» n'a plus un sens purement passif.[27] Cette béatitude loue le comportement de ceux qui s'affligent eux-mêmes. Il n'est sans doute pas possible de préciser la cause de cette affliction : on a fait référence à l'imperfection personnelle[28] ou à l'état du monde présent.[29] L'insistance de Matthieu semble cependant porter davantage sur l'attitude, le comportement. La foi du chrétien doit créer chez lui une vision des choses telle qu'il ne peut en résulter que l'affliction.

La béatitude suivante loue les doux. Le mot revient deux autres fois chez Matthieu (11,29 ; 21,5). Le premier texte proclame que Jésus est doux et humble ; et, comme le dit le verset précédent, il soulagera ceux qui ploient sous le fardeau et vont à lui. Or, le texte qui vient immédiatement avant affirme que la révélation n'a pas été adressée aux sages mais aux petits ; et les passages qui suivent montrent Jésus en train de défendre ses disciples, qui ont violé une loi de sabbat, à l'aide d'un texte d'Ecriture qui dit que Dieu désire la miséricorde et non pas le sacrifice. Puis on voit Jésus qui guérit un homme le sabbat, contre l'avis des Pharisiens ; et Matthieu applique ensuite à Jésus un texte d'Isaïe qui décrit le Serviteur de Yahvé : il n'élève pas la voix, il ne brise pas le roseau ployé, etc. Jésus est donc un homme « doux » qui s'oppose aux duretés légalistes, a pitié des petits et ne leur impose pas un fardeau qu'ils ne peuvent porter. Quand au second texte (21,5), qui montre un Jésus doux, entrant à Jérusalem monté sur un âne, il voudrait faire comprendre que Jésus est un messie pacifique et non pas guerrier ou violent (comme l'aurait laissé entendre le fait de monter un cheval). [30] La douceur matthéenne n'est donc pas d'abord un trait de caractère mais une manière d'agir. Elle implique des prises de position en faveur des petits, un lutte pour leur faciliter les choses, un comportement de bonté aux antipodes de la dureté légaliste et de la violence qui détruit. C'est pourquoi Dieu donnera aux doux la terre en héritage : ils sauront la gouverner comme on l'attendait du Roi.

Matthieu clôt la première série de quatre béatitudes par celle qui loue ceux qui ont faim et soif de justice. Il est évident que le sens matthéen de la béatitude est à tirer de la signification qu'il attribue au mot «justice». [31] A part Lc 1,75, Matthieu est le seul synoptique à l'utiliser ; il le fait à sept reprises (3,15 ; 5,6.10.20 ; 6,1.33 ; 21,32). On remarque que ces textes se situent dans le Sermon sur la montagne, à l'exception du premier et du dernier. Dans ces deux derniers cas, Jean-Baptiste et Jésus sont en cause : lors du baptême Jésus déclare que Jean et lui doivent accomplir toute justice et, dans un contexte de discussions à propos de sa propre autorité, il affirme que Jean est venu dans le chemin de la justice et qu'on n'a pas cru en lui. Ces deux textes n'apportent pas beaucoup de précisions sur le sens exact du mot justice, mais ils indiquent quand même une direction : le mot est mis en relation avec l'ensemble de la mission de Jean et de Jésus, il caractérise leur comportement, leur style d'action. De quel comportement s'agit-il ? C'est à donner un contenu à cet agir que Matthieu s'emploie, quand il utilise le concept de justice dans le Sermon. D'abord, le mot revient deux fois dans les béatitudes (5,6.10) ; entre ces dernières et l'utilisation suivante du terme (5,20), Mt présente deux textes : un sur le sel et la lumière où il est dit que la lumière des chrétiens doit briller aux yeux des hommes, pour que ces derniers voient leurs bonnes œuvres ; et un autre qui exige que la Loi soit accomplie et enseignée à la perfection. Il faut noter dès maintenant cette insistance sur l'agir. En 5,20, Matthieu déclare à ses chrétiens que si leur justice ne surpasse pas celle des scribes et des Pharisiens, ils n'entreront pas dans le Règne de Dieu ; suit une série d'exemples qui opposent le comportement ancien au comportement nouveau, et le passage se termine sur l'exhortation à être aussi parfaits que le Père. Etre « juste », c'est donc adopter, dans les moindres détails, le comportement de Dieu lui-même. Suit immédiatement un autre texte sur la justice : que les chrétiens se gardent d'afficher leur justice pour se faire remarquer des hommes. Ce principe d'action est immédiatement appliqué aux trois bonnes œuvres typiques du judaïsme : l'aumône, la prière, le jeûne. Viennent ensuite quelques paroles sur l'attitude à avoir vis-à-vis de l'argent et une exhortation à ne pas se faire de soucis pour les questions de nourriture et de vêtement : qu'on cherche d'abord le Règne et sa justice, et le reste viendra par surcroît (6,33). L'important c'est d'adopter le comportement qu'exige l'espérance du Règne. Le Sermon se termine sur une série de textes traitant, entre autres choses, de la défense de juger les autres, de la prière et du chemin qui mène à la Vie. Le dernier texte invite les chrétiens à être sensés et à mettre ces paroles en pratique : invoquer le Seigneur ne suffit pas, il faut agir.

Bien que fort rapide, un tel survol du Sermon sur la montagne et des textes matthéens sur la justice permet de comprendre les différentes définitions qu'on donne de cette justice : on parle de conduite qui plaît à Dieu, d'accomplissement parfait de la loi divine, de comportement correct, caractéristique des disciples de Jésus, de conduite conforme aux exigences de Dieu telles que précisées dans le Sermon, etc.[32] La justice, c'est donc l'ensemble du comportement spécifiquement chrétien, tel que Matthieu le comprend et cherche à l'expliquer à son Eglise. On voit donc maintenant le sens de cette béatitude telle que Matthieu l'a en vue. Il est évident, d'abord, que les verbes « avoir

104

faim et soif» ne peuvent maintenant être entendus qu'au sens figuré. La faim est transposée, tout comme l'a été la pauvreté dans la première béatitude. Sont maintenant loués ceux qui aspirent à mettre en pratique les paroles du Sermon. Ici aussi, la béatitude exhorte à un agir, à un comportement précis. Il ne s'agit pas simplement de proclamer heureux ceux qui soupirent après une certaine justice qui tomberait miraculeusement du ciel, mais à provoquer une action chrétiennement efficace. Seuls ceux qui ont faim et soif d'une telle conduite seront rassasiés par Dieu. [33]

Les quatre béatitudes suivantes sont propres à Matthieu. La première vise les miséricordieux : il s'agit de ceux qui se conduisent comme leur Père, pratiquant le pardon et traitant avec bonté aussi bien leurs amis que leurs ennemis (cf. 5,44-48; 6,12.14-15; 7,1-5). [34] Ensuite sont loués les purs de cœur. Matthieu traite du pur et de l'impur en deux endroits, soit 15,1-20 et 23,25-28; de ces passages il ressort qu'est pur de cœur celui qui est fidèle à obéir aux intentions profondes de Dieu et ne se contente pas d'attitudes superficielles. Il est semblable à l'homme aux mains innocentes et au cœur pur (Ps 24,4) qui seul est habilité à monter au Temple ; c'est pourquoi les purs de cœur verront Dieu. [35] Matthieu considère ensuite les «faiseurs de paix», à qui il promet que Dieu lui-même les appellera ses fils. Plus loin, dans le Sermon, il donne une idée de ce qu'il attend des artisans de paix, soit la réconciliation (5,23-24) et surtout l'amour des ennemis (5,43-48). Les chrétiens, en effet, doivent se conduire en vrais fils de leur Père ; or, leur Père aime aussi bien les justes que les injustes ; les chrétiens se doivent donc d'aimer amis comme ennemis. Ils manifesteront alors qu'ils sont les vrais fils de leur Père et celui-ci les reconnaîtra comme tels à la fin. [36] Enfin, la dernière béatitude propre à Matthieu loue les persécutés pour la justice, à qui est promis le Règne (tout comme aux pauvres en esprit). Cette béatitude est généralement reconnue comme une création matthéenne. D'abord, sous une forme ou l'autre, tous les mots utilisés se retrouvent dans les autres béatitudes.[r] Ensuite,

---

r. Heureux (vv. 3-11); persécutés (v.11); à cause de (v. 11); justice (v. 6); car à eux est le Règne des cieux (v. 3).

cette béatitude sert à clore la série des huit qui sont à la troisième personne : elle reprend mot pour mot la promesse de la première et fait référence à la justice qui se trouvait à la fin de la première série de quatre béatitudes. Par ailleurs, elle sert de transition avec ce qui suit : elle annonce le thème de la persécution ; en précisant que celle-ci a lieu à cause de la justice, elle explique par avance que les dires des adversaires sont mensongers ; l'expression « à cause de la justice » fait pendant à « à cause de moi » et fait comprendre que c'est la spécificité chrétienne de l'agir qui a amené les persécutions ; et, enfin, cette mention de la justice prépare celle des « bonnes œuvres » (v. 16) qui doivent caractériser l'agir chrétien. C'est donc le contexte qui donne un contenu à cette béatitude rédactionnelle.[37] Et ainsi se trouvent expliquées les principales modifications que Matthieu a faites dans sa rédaction de la dernière béatitude. Pour lui, le concept général de « persécution » résume ce que sa source appelait « haine » et « expulsion ». Il tient à préciser, cependant, que la béatitude ne vise pas tous les chrétiens victimes de persécutions, d'insultes ou de paroles malveillantes, mais seulement ceux qu'on ne peut attaquer que de façon mensongère. Matthieu reconnaît donc indirectement que ce n'est pas toujours à tort qu'on s'en prend aux chrétiens ; c'est pourquoi, par la simple insertion de « en mentant », il change ce qui était jusque-là une parole d'encouragement et de consolation en parole d'exhortation : Ayez un comportement tel, dit-il à ses chrétiens, que vos ennemis n'aient d'autre recours que le mensonge contre vous. Et ce comportement n'est autre que celui que les diverses béatitudes précédentes ont présenté tour à tour et qui, pour Matthieu, est résumé par la « justice ». Et comme cette justice est l'expression d'une vie attentive aux paroles de Jésus-christ lui-même, on peut finalement dire que c'est à cause de Jésus-Christ (« à cause de moi ») que les chrétiens fidèles sont maltraités. Qu'ils se réjouissent, cependant, car leur récompense est grande dans le ciel, d'ailleurs, les prophètes de jadis avaient été persécutés de la même façon.[38]

La version matthéenne des béatitudes est certainement celle qui a le plus marqué la conscience chrétienne depuis les débuts. Pour le chrétien ordinaire, ce sont celles-là que Jésus a

106

prononcées, et dans les termes matthéens. Aussi a-t-on du mal à imaginer l'importance des modifications qu'elles ont subies entre le moment où Jésus de Nazareth les proclamait en actes et celui où Matthieu les faisait proclamer par Jésus-Christ dans son évangile. D'abord, tout comme Luc, Matthieu a éliminé la perspective de proclamation missionnaire auprès des miséreux ; on a ici affaire à une catéchèse chrétienne. Mais les points de vue des deux évangélistes sont fort différents. Luc cherchait à réconforter des chrétiens matériellement pauvres. Matthieu, pour sa part, élimine toute référence à une pauvreté concrète pour tourner le regard ailleurs, c'est-à-dire sur la conduite chrétienne. C'est là d'ailleurs un aspect remarquable des béatitudes matthéennes que cette insistance sur l'agir. Et en cela elles sont directement dans la ligne des proclamations de bonheur primitives, lesquelles appelaient à l'action. Mais il y a une différence fondamentale : les béatitudes primitives louaient ces autres, ces pauvres qu'il fallait rendre heureux ; elles convoquaient à un agir pour les autres. Chez Matthieu il n'en est plus ainsi. Les perspectives sont intra-ecclésiales, les béatitudes sont intra-communautaires. Il s'agit d'un appel à devenir d'excellents chrétiens à l'intérieur des limites de la communauté.⁵ Matthieu présente aux siens une sorte de liste des vertus chrétiennes : humilité, affliction, bonté envers les petits, tension vers une vie chrétienne exemplaire, pardon et amour, fidélité profonde, gestes de paix. Et il dit équivalemment aux siens : Heureux ceux qui se conduisent de cette façon ; ce n'est certainement pas votre cas maintenant, mais c'est ce à quoi vous devez tendre. Cette nouvelle compréhension des béatitudes amène une individualisation de la vie chrétienne. L'aspect communautaire n'est certes pas absent, car c'est à un comportement à l'intérieur de l'Eglise que cette proclamation exhorte. Mais c'est *chaque* chrétien qui est

---

s.   Le Sermon sur la montagne situe les chrétiens par rapport à ceux du dehors. Ainsi, «les hommes» doivent voir les bonnes œuvres des chrétiens et en rendre gloire à Dieu (5,16). Il faut que ces derniers fassent plus que les païens (5,47) ; qu'ils se gardent d'agir pour se faire remarquer des hommes (6,1) ; qu'ils leur pardonnent (6,14-15) ; qu'ils n'aient pas de soucis comme ceux des païens (6,32). Les béatitudes ne visent donc à proprement parler que les chrétiens.

maintenant appelé à transformer son agir, plutôt que la *communauté* elle-même. On ne parle plus ici de la mission qu'a l'Eglise de faire espérer les pauvres, mais de la conduite que l'individu doit avoir dans la communauté. Les béatitudes sont donc mises au service de la catéchèse, comme c'était le cas chez Luc. Mais alors que dans ce dernier évangile on avait affaire à une catéchèse d'encouragement à des chrétiens pauvres et souffrants, ici il s'agit d'une catéchèse d'exhortation à des chrétiens qui sont tentés de se relâcher et dont le comportement n'est pas sans reproche, même aux yeux des non-chrétiens.

Le changement de destinataires n'a évidemment pas été sans influer sur la façon de s'en référer au futur eschatologique de la deuxième partie des béatitudes. On se souvient que dans les proclamations primitives il y a un lien de signification directe entre les deux parties : il faut changer de façon heureuse le présent du pauvre pour qu'il puisse espérer le changement définitif que Dieu lui-même effectuera un jour. Maintenant, le Règne est mis au service de l'exhortation. Au lieu d'essayer de rendre le futur quelque peu présent, on s'en sert comme d'un élément de motivation, qui contient une pointe de menace. Le Règne ne sera pas donné à n'importe qui, mais seulement à ceux qui se seront conduits de telle et telle façon. Au lieu d'être une espérance qui déjà modifie le présent, le futur est présenté comme un objet de foi d'où découle une série d'exigences ou de conditions à remplir : Si vous croyez que Dieu ne récompensera que ceux qui se seront conduits de façon «juste», vivez en conséquence. L'attente est moins pressante. L'intérêt porte moins sur les promesses que sur leurs conditions de réalisation. Sous cette forme, plus intemporalisée, plus dépouillée des circonstances concrètes que chez Luc, les béatitudes étaient prêtes pour leur long voyage à travers les siècles.

Depuis leur rédaction définitive dans les évangiles de Matthieu et de Luc, les béatitudes n'ont pas cessé d'évoluer, d'interpeller, de motiver. La mise par écrit des évangiles ou, plus largement, du Nouveau Testament, ne signifie pas la mort d'une expression de la foi, pas plus que la prise d'un instantané n'exprime la fin d'une vie ou d'un paysage. Les écrits évangéliques sont des témoins de l'état de la vie de foi d'une communauté, à un point précis de la vie de la tradition ecclésiale. Très souvent, cependant, ces écrits ont assez de profondeur pour nous permettre de reconstituer tout un développement et, ainsi, nous aider à relancer le mouvement d'interpellation d'un texte. C'est à un tel essai qu'il faut maintenant se risquer.

Dans l'évangile de Matthieu, la proclamation de bonheur s'adresse à des chrétiens qu'elle exhorte à adopter le comportement requis par Jésus-Christ. Qu'ils se réjouissent ceux-là car grande est leur récompense dans les cieux.

II- L'Eglise : pour les pauvres

Les pages qui précèdent sont le fruit d'un effort de compréhension du texte biblique et de réexpression, en mots d'aujourd'hui, du sens qu'il avait pour ceux qui l'entendaient proclamer ou le lisaient. De soi, un tel effort n'exige pas de suite. La recherche de compréhension du passé est parfaitement légitime et se justifie en sa qualité de réponse au besoin qu'a l'homme de voir clair dans son cheminement historique. Le lecteur chrétien, auquel s'adressent plus particulièrement ces pages, pourrait fort justement s'en contenter parce qu'il jugerait qu'elles provoquent à la réflexion ; par exemple, on peut se sentir appelé à creuser la question du genre d'homme qu'a été Jésus ou celle des critères qui nous permettent de rejoindre (ou non) ses gestes et paroles ; on peut sentir naître un intérêt vis-à-vis du certain halo de mystère qui entoure les premières Eglises ; ou encore, on peut avoir le goût de mieux comprendre comment les premiers chrétiens ont eu l'audace d'interpréter de façons fort diverses les paroles de Jésus et comment la foi peut s'y retrouver, etc. Un texte qui pourrait faire naître le désir d'aller plus loin mérite donc de ce fait d'avoir été écrit. Mais il y a un autre type de problème qui se pose et qui mérite qu'on s'y attarde. Il ne s'agit plus simplement de se situer au niveau de l'interprétation du passé ou de l'une ou l'autre question attenante qui mérite d'être approfondie, mais d'entrer carrément dans une perspective de foi et de se demander ce qui suit : En quoi ce texte précis interpelle-t-il concrètement l'Eglise d'aujourd'hui ? [t] Ou, plus précisément, quelles répercussions *doit* avoir sur l'Eglise le fait de recevoir des paroles traditionnelles qui portent des béatitudes adressées aux pauvres ?

La question a plusieurs présupposés. D'abord, on admet qu'un texte ne veut pas dire n'importe quoi et que, pour lui être fidèle, une Eglise ne peut en vivre n'importe comment. Mais déjà cette admission soulève un problème. En effet, on sait que les béatitudes nous sont parvenues sous deux formes différentes dans les évangiles de Matthieu et de Luc. Il faudra donc tenir compte de ces deux formes. Bien plus, l'exégèse présentée plus haut a permis de rejoindre deux milieux d'Eglise antérieurs aux rédactions synoptiques, sans parler de la prédication de Jésus lui-même. La recherche du sens pour aujourd'hui devra donc tenir compte de l'évolution d'ensemble des béatitudes. [u] Ensuite, la

---

t.　On nous pardonnera ici de ne pas développer les implications d'une telle question. Elle touche un des problèmes fondamentaux de la recherche théologique actuelle et sans doute un des plus difficiles. Et on n'a pas toujours à fonder la possibilité de toute entreprise. Il apparaît donc suffisant, dans le cadre de ce travail, de tirer des lignes d'interprétation dont le lien avec les conclusions exégétiques paraît honnêtement justifié. Il peut être bon de préciser, également, qu'on cherche ici à cerner le sens que peut avoir le texte pour la communauté ecclésiale comme telle, et non pas, d'abord et avant tout, pour l'individu. Il ne faut jamais oublier que les textes bibliques appartiennent à l'Eglise et l'interpellent en premier lieu. Ensuite, mais ensuite seulement, ils rejoignent le chrétien individuel et l'atteignent de façon précise, compte tenu de sa situation concrète et de sa fonction en Eglise. Il faudra tenir compte de cette remarque en lisant ce qui suit. Et il n'est peut-être pas inutile de redire que cette observation vaut équivalemment de l'exégète, quand il cherche à développer le sens contemporain d'un texte. Alors, il ne fait qu'offrir ce sens à son Eglise et c'est elle et elle seule qui peut, en dernière analyse, décider de la conformité de ce sens contemporain au sens primitif. Enfin, bien entendu, on entend par «Eglise» l'ensemble de la communauté qui exerce la totalité des fonctions nécessaires à son existence. Pour décider de la justesse de ce sens, la foi du chrétien moyen, le charisme de l'autorité, la problématique du catéchète, la science du théologien et l'intuition du spirituel doivent s'exprimer tous ensemble. Si des fonctions du corps sont laissées de côté, ce n'est plus l'Eglise qui se prononce.

u.　A cela on pourrait objecter que la foi n'est pas soumise aux conclusions de l'exégèse et que l'Eglise a fort bien su vivre des béatitudes pendant dix-neuf siècles, en pensant que Jésus les avait prononcées mot pour mot et sans avoir besoin des complications de l'exégèse moderne. Tout cela est vrai mais il y a plus. L'exégèse

formulation même de la question suppose qu'on est en droit de rechercher un comportement normatif, ce qui implique l'équivalent d'une volonté à l'origine et du texte et du sens qu'il *doit* avoir aujourd'hui. On présuppose donc ici la présence de l'Esprit à toutes les étapes du processus : vie de Jésus, Eglises palestinienne et judéo-hellénistique, Eglises de Luc et de Matthieu, notre Eglise actuelle.[v] Sans cette foi en la présence agissante de l'Esprit, il n'y a pas de sens à chercher la façon dont l'Eglise *doit* vivre des

---

contemporaine, parce qu'elle pose les questions d'aujourd'hui avec l'outillage conceptuel d'aujourd'hui, amène à percevoir des dimensions dans l'Ecriture qui étaient toujours là mais dont on ne se rendait pas compte. L'Eglise d'avant nous n'avait peut-être pas besoin des résultats de l'exégèse moderne pour croire, mais c'est l'Eglise d'aujourd'hui qui existe maintenant ; et celle-ci se rend compte (par la soif qu'elle a de la bible et du besoin de biblistes qui en résulte) qu'il lui est nécessaire, en tant qu'Eglise d'aujourd'hui, que se vive parmi ses charismes celui de l'exégète. Justement parce qu'il est clair que l'exégète a une place essentielle dans le processus d'invention des nouvelles façons de vivre la foi compte tenu des circonstances nouvelles. Il existe un fondamentalisme biblique qui, au nom de l'Esprit d'hier, est refus d'entendre l'Esprit d'aujourd'hui. Une autre objection qui pourrait être faite à cette considération de l'ensemble du processus d'évolution serait que la révélation suit un cours rectiligne, lequel exclut le recours aux étapes antérieures ; seules les versions définitives seraient à considérer. Mais cette vue d'une évolution rectiligne est aujourd'hui fortement contestée. D'ailleurs, une telle logique impliquerait une non-importance pour la foi de la vie de Jésus lui-même, puisque seule la rédaction définitive des textes entrerait en ligne de compte, ce qui, en régime chrétien, est une absurdité.

v. Il ne faut pas oublier que l'«inspiration» des textes bibliques est *une* expression de la fidélité de Jésus et des premiers chrétiens à vivre sous la poussée du souffle de Dieu. Les versions des béatitudes de Mt et de Lc n'ont donc pas, de soi, droit à plus de respect que celles de la source Q ; ni, à l'inverse, une parole de Jésus par rapport à une parole des évangélistes. Chaque étape du processus manifeste la façon dont fut vécue la foi à un moment donné de l'histoire et, comme telle, est parlante pour la foi de l'Eglise d'aujourd'hui ; par ailleurs, la diversité des étapes permet de mieux décanter le sens fondamental par rapport à ses expressions historiques. Les premiers chrétiens ne se sont pas contentés de faire ou de dire la même chose que Jésus. Ils ont été créateurs, mais en continuité avec notre tradition. L'élément de continuité est à découvrir dans le passé ; la création se fait sous la poussée du présent ; le jugement de fidélité (ou non) est porté par l'ensemble de l'Eglise à qui est donné d'abord et avant tout l'Esprit. Dans la formulation du texte, on est passé directement des Eglises de Luc et de Matthieu à l'Eglise actuelle. Il n'y a là aucune volonté de court-circuiter 2000 ans de vie d'Eglise, mais simple indication des limites d'un travail, d'une part, et de la complémentarité des fonctions d'Eglise, d'autre part. Compte tenu de leur discipline, les théologiens de la vie de l'Eglise, par exemple, réagissent aux conclusions des biblistes et leurs réactions font partie du complexe processus de jugement ecclésial sur une question donnée.

béatitudes aujourd'hui. De plus, la question a en vue l'Eglise de maintenant, laquelle, à l'échelle du monde, présente, on s'en doute, un visage fort complexe. Ici, on a certes en vue cette grande Eglise, mais en particulier dans ses manifestations locales. Il s'agit de considérer notre Eglise d'ici, dans la mesure ou notre perception peut se faire englobante. Or, cette Eglise, comme toutes les Eglises locales, est une Eglise en situation, une Eglise qui ne connaît pas les secrets de l'avenir et qui n'a pas, en tant que manifestation locale de la grande Eglise, les promesses de la vie éternelle. C'est pourtant cette Eglise précise qui est aujourd'hui confrontée au texte des béatitudes, puisqu'elle croit qu'en elles son Seigneur l'interpelle.

Si cette interpellation ne peut se faire, comme on l'a dit, qu'en continuité avec le sens de jadis, il peut être utile, à ce moment de notre réflexion, de résumer brièvement les résultats auxquels a conduit le travail exégétique de la première partie de ce texte.

Ancien Testament. Est déclaré heureux celui qui a un comportement précis, en accord avec la Loi ou les exigences de l'espérance.

Jésus. Une vie gouvernée par l'espérance du Règne de Dieu, lequel Règne s'exercera en faveur des petits. Jésus ne cherche pas à attirer ses auditeurs dans un groupe religieux ni ne les choisit en vertu de leurs dispositions intérieures. Il agit pour faire espérer ceux qui sont sans espérance. Sont donc déclarés heureux ceux en faveur de qui Jésus agit.

Une Eglise palestinienne. Tout comme c'était le cas pour Jésus, la proclamation de bonheur s'adresse aux petits, aux pauvres, etc. Elle se fait maintenant au nom de Jésus-Christ et elle est vécue par un groupe.

Une Eglise judéo-hellénistique. Même proclamation de bonheur adressée au même groupe. Mais première manifestation de souffrances endurées à la suite de la fidélité à remplir la tâche. Début d'une catéchèse d'encouragement. Première proclamation de bonheur à l'intention de la communauté.

L'Eglise de Luc. La proclamation de bonheur est réservée à la communauté chrétienne, laquelle est pauvre. Il n'y a plus, impliquée dans les béatitudes, de mission auprès de miséreux comme tels. La communauté est consolée parce que sa situation de misère est le résultat de sa fidélité à Jésus-Christ. Le futur n'est plus espérance à signifier dans sa vie mais consolation de foi.

L'Eglise de Matthieu. La pauvreté matérielle n'entre plus en considération. La proclamation de bonheur est réservée à la communauté ; en particulier, elle encourage à la pratique des vertus chrétiennes. Est déclaré heureux celui qui révèle Dieu à ses frères chrétiens par son comportement. Il s'agit d'une catéchèse d'exhortation, laquelle est renforcée par le principe de sélectivité inclus dans les promesses.

Pour notre propos, la constatation la plus importante qu'on peut tirer de ce résumé est la suivante :[w] il y a deux grandes sortes de béatitudes proclamées en Eglise, soit la béatitude missionnaire et la béatitude catéchétique. La première présente ceux auxquels l'Eglise est chargée de proclamer la bonne nouvelle. La seconde répond aux attentes des chrétiens qui ont besoin de consolation, d'exhortation, etc. Historiquement parlant, la béatitude missionnaire est la plus primitive et aussi celle qui, jusqu'à maintenant, a le moins influencé la tradition ecclésiale postérieure, puisqu'à cause des besoins de leur communauté Matthieu et Luc ont dû l'éliminer de leurs évangiles. Il importe donc de voir si elle peut avoir encore quelque signification pour notre Eglise, et c'est pourquoi elle servira de point de départ aux pages qui suivent.

Une Eglise POUR LES PAUVRES

La béatitude missionnaire est fondée dans l'activité de Jésus et celle des premiers disciples. Elle convient parfaitement à la vision qu'avait Jésus de sa tâche, soit d'annoncer l'amour de Dieu

---

w. D'autres aspects auraient aussi mérité d'être étudiés, par exemple, la façon dont est conçu le futur et dont cette conception du futur motive l'agir qui sous-tend la béatitude, ou encore sert à consoler, exhorter, etc. Mais pour ce faire, il aurait fallu présenter assez longuement les diverses modalités de l'espérance eschatologique dans l'Eglise primitive, pour ensuite chercher à évaluer leur pertinence théologique actuelle. Ce sujet nous aurait trop écarté du thème du présent livre.

à ceux qui, avant d'être témoins des gestes et paroles de cet homme en leur faveur, avaient peu de raisons concrètes d'espérer. Cette forme de béatitude convient également à la conception qu'avait de sa mission la première communauté chrétienne. Celle-ci comprit la résurrection de Jésus comme un geste d'approbation, posé par Dieu, à l'ensemble de la vie de son Serviteur. Ce geste voulait donc dire que Dieu lui-même reconnaissait l'authenticité des lignes de force de la révélation de Jésus et, en vertu même de la foi qu'il venait de créer chez les disciples, les appelait à leur tour à continuer l'œuvre de révélation entreprise par Jésus. Il n'est donc pas surprenant de voir les premiers chrétiens occupés à faire des guérisons et prêcher au milieu du petit peuple que Jésus avait tant aimé. On avait le même Dieu, la même tâche, le même monde à aimer.

La question qui doit nous occuper maintenant est la suivante : La béatitude « Heureux les pauvres » est-elle un appel, qui nous est lancé à travers les âges, à faire revivre cette caractéristique de l'activité de Jésus et des premiers chrétiens, ou s'agit-il tout simplement d'une forme passée de l'actualisation de la mission chrétienne, forme admirable sans doute, mais à jamais dépassée ? Il est évident qu'on a ici le type même d'une question qui vise une modalité importante de la mission de l'Eglise et à laquelle seule cette dernière peut répondre ; on ne peut donc maintenant que présenter des pistes de réflexion.[x] D'abord, il est certain que pour l'Eglise d'aujourd'hui la révélation apportée par Jésus-Christ, révélation authentifiée par la résurrection, est

---

x. On comprendra qu'il est impossible, dans le cadre de cet écrit, de justifier à fond une nouvelle actualisation d'une ancienne compréhension de la mission de l'Eglise. Il est évident que se posent ici une série de problèmes : sens du «salut», lien entre l'appartenance à l'Eglise et le salut, etc. Un des problèmes de fond que soulève la recherche exégétique actuelle est le suivant : il y a un gigantesque fossé conceptuel entre le monde de pensée de Jésus de Nazareth (et des premiers chrétiens) et celui du monde gréco-romain dans lequel s'est exprimée la majeure partie des textes du Nouveau Testament. Or, peu à peu, à mesure que se poursuit le travail, on se rend de plus en plus compte qu'on a, dans ces deux mondes, deux cohérences fondamentales dans lesquelles a été pensé le message chrétien. Or, la première, à cause des circonstances historiques (chute de Jérusalem, influence de plus en plus marginale

toujours reconnue comme vraie et digne de foi. Ceci veut donc dire que les traits de Dieu esquissés par la vie de Jésus sont toujours considérés comme justes. Le Dieu des chrétiens d'aujourd'hui est donc le même que celui des premiers chrétiens, celui de Jésus et celui de l'Ancien Testament (dans la mesure où les lignes de force coïncident). Si ce Dieu est toujours le même, on ne se trompe guère à affirmer que son comportement actuel ressemble fort à sa conduite de jadis : ce Dieu a fait choix d'un peuple pour le révéler, d'un Fils qui soit l'image humaine fidèle de son mystère, d'une communauté qui poursuive la tâche de le rendre présent au monde. De façon constante dans l'histoire judéo-chrétienne, Dieu agit de façon privilégiée par le choix de serviteurs dont les gestes et paroles ont pour but d'être révélation de leur Dieu. Aujourd'hui, on peut certes dire que se constate la même absence visible de Dieu, et donc en déduire le même désir de se voir agir et parler dans la vie de ses serviteurs. Si ce Dieu est le même, si son comportement est le même, il faut voir chez lui la même volonté de voir exprimé son amour à ceux qu'il a toujours aimés de façon privilégiée. Si tel est le cas, l'appel lancé par la béatitude missionnaire est toujours en vigueur, ce qui implique au moins les conséquences suivantes pour notre Eglise.

1. *Il nous faut retrouver le sens de notre mission en Eglise.*

En parlant ainsi, on ne veut pas dire que l'Eglise ait perdu ce sens mais indiquer que le monde neuf qui naît sous nos yeux nécessite de soi une réévaluation de la mission. Qu'on songe

---

des chrétiens d'origine palestinienne, etc.), n'a pas réussi à développer à fond toutes ses potentialités, alors que tel a été le cas pour la seconde. Par ailleurs, la pensée théologique classique, qui s'est développée à partir des concepts de fond d'origine hellénistique dans le Nouveau Testament lui-même, semble à bout de souffle. La question se pose donc de la possibilité de retrouver les vieilles intuitions de Jésus et des siens et de leur capacité de reprendre un second souffle et de dynamiser l'Eglise d'aujourd'hui. Il est bien certain qu'on peut à peine soupçonner maintenant la profondeur des implications que soulève une telle possibilité. Il est aussi certain que cette dernière n'est pas à écarter du revers de la main, simplement parce qu'elle est neuve. Qui peut par avance tracer des limites aux réactualisations de textes anciens ? C'est pourquoi il appartient à la sensibilité de foi de chaque génération d'Eglise de se prononcer sur les caractéristiques de sa mission.

simplement au fait suivant. Il y a quelques années, nous vivions en régime de chrétienté. Tout le monde était croyant ; il s'agissait d'encourager à la pratique religieuse régulière, à une vie droite, à pratiquer la charité entre chrétiens. Maintenant, même si la ligne de démarcation est encore très floue, nous commençons à nous rendre compte qu'il y a un « nous » différent des « autres ». D'une certaine façon, nous recevons encore notre distinction de ces autres qui nous quittent peu à peu. Mais cette situation nouvelle nous force dès maintenant à nous interroger sur nous-mêmes et sur le sens de notre appartenance à l'Eglise. Pourquoi restons-nous ? A quoi servons-nous ? Comment devons-nous nous considérer entre nous et quels doivent être nos rapports aux autres ? La question de notre sens et de notre mission nous est directement posée par les circonstances nouvelles dans lesquelles nous sommes placés. Or, c'est la première fois que se pose pour nous à une telle échelle, le problème de l'agir chrétien en régime de post-chrétienté. A problèmes nouveaux, solutions nouvelles. Par ailleurs, quand une Eglise vit un tournant radical dans son existence, elle se tourne d'instinct vers ses origines dans le but d'y rencontrer le dynamisme des débuts et de retrouver son élan. C'est ce que nous vivons maintenant. Et nous rencontrons justement, dans ces écrits qui témoignent des débuts de la foi, des expériences de croyants qui ont vécu leur propre « nous » par rapport aux « autres » ; de plus, ces textes ont depuis lors été considérés comme normatifs pour la foi de l'Eglise. Peut-être avons-nous donc à écouter attentivement cette voix qui nous vient de loin pour nous appeler à la tâche ; et voici ce que cette voix nous dit, avec une simplicité désarmante. L'évangile ne nous appartient pas ; la bonne nouvelle, ce n'est pas pour nous ; nous n'en sommes que les hérauts, les annonceurs. Nous n'avons pas été réunis pour nous trouver bien ensemble, mais parce que le Dieu de Jésus-Christ avait besoin de nous, comme groupe, pour parler de lui aux « autres », et en particulier aux sans-espoir à qui il veut que soit redonnée l'espérance. Nous avons pour Dieu cet être étrange, toujours inactif et silencieux, qui a parlé et agi jadis en Jésus-Christ, et qui nous confie aujourd'hui la tâche effrayante d'être la communauté de ceux qui doivent le faire parler et agir. Il nous a chargés d'écrire son nom dans l'histoire humaine. Et ce nom doit être celui d'un Dieu efficace, qui prend soin de ceux qu'il aime. C'est pourquoi il nous appelle à changer la situation des pauvres qu'il aime, pour que ceux qu'il aime se rendent compte qu'ils ont un Dieu qui veille sur eux à travers nous. Ce Dieu nous demande d'agir en son nom. L'Eglise, c'est un groupe pour les autres, en son nom. Il ne nous est pas demandé d'abord et avant tout d'attirer du monde parmi nous, ce n'est pas notre affaire. Ce qui nous est demandé, c'est d'être un groupe de travail, un groupe de tâche, une cellule de contestation divine au service des petits. C'est une communauté qui fait, transforme, modifie, bouleverse, pour faire prendre conscience à ceux que Dieu aime qu'il y a un Dieu pour eux. A quoi ça sert d'être chrétiens ? Certainement pas à nous ! Mais à Dieu et à ceux qu'il aime.

2. *Il nous faut identifier les pauvres d'aujourd'hui.*

L'évangile ne nous dit pas qui sont aujourd'hui les équivalents des publicains, des pauvres, des affamés. Il nous appartient de les identifier, à partir des caractéristiques que nous offre la bible : situations de mépris, de déconsidération sociale, d'injustice, d'infériorité, de privation du nécessaire, etc. Ceux qui, chez nous, peuvent remplir les conditions ne manquent pas : vieillards, homosexuels, anciens prisonniers, assistés sociaux, immigrants, handicapés physiques et psychiques, chômeurs, délinquants, etc. Mais il y a plus. En effet, peut-être pour la première fois dans l'histoire, du moins avec autant d'acuité, le problème de la pauvreté se pose à l'échelle du monde : misère du tiers-monde et même du quart-monde, luttes pour la libération politique, économique, sociale, féminine, etc. Comme ce fut le cas pour Jésus et les premiers chrétiens, des choix sont à faire, des priorités sont à discerner, des pointillés à remplir : « Heureux les... ».

3. *Il nous faut préciser nos modes d'action.*

Jésus, et il en a été de même des premiers chrétiens, a été un homme de son temps. Il a cherché à être efficace pour Dieu, à la

117

mesure de ses possibilités et compte tenu des circonstances dans lesquelles il était placé. A cet égard, il lui était tout à fait impensable d'envisager une action en termes de réformes sociales ou de transformations politiques. D'abord, la conception qu'il se faisait de la venue du Règne de Dieu ne lui laissait que peu de temps pour agir ; et, par ailleurs, s'engager dans ce style d'action signifiait en venir aux prises avec le pouvoir romain et donc attirer une répression encore plus atroce dont ce sont précisément les plus petits (ce sont toujours eux) qui auraient fait les frais. Il a donc fait ce qu'il a pu, dans le monde qui était le sien, en allant jusqu'au bout de ses possibilités.

Il importe de nous rendre compte que c'est une tâche de révélation que Jésus nous a laissée et que nous avons à la remplir compte tenu de la conjoncture dans laquelle nous nous trouvons. Il ne nous est pas demandé d'agir comme si nous étions un Juif d'il y a deux mille ans. C'est pourquoi nous n'avons pas le droit de refuser d'inventorier *tous* les moyens qui sont à notre disposition, qui sont compatibles avec notre fonction de révélation et qui peuvent être efficaces, même si Jésus (ou les premiers chrétiens) a cru bon d'agir autrement. Ce *pourrait* donc être un manque de fidélité que d'écarter du revers de la main toute référence à l'engagement socio-politique. En effet, Dieu n'est pas neutre ; Jésus ne l'a pas été ; l'évangile est partial et l'Eglise se doit de vivre en conséquence. Il nous est demandé de proclamer : « Heureux les pauvres ». Pas plus aujourd'hui qu'au temps de Jésus une simple parole suffit-elle. Le pauvre ne peut espérer que le jour où il est devenu moins pauvre. Il ne peut croire au bonheur qu'après l'avoir quelque peu connu. La proclamation de la béatitude ne peut donc se faire qu'à la suite d'un geste de transformation concrète d'une situation. Or, dans notre monde, tout effort de transformation quelque peu significatif et qui ait quelque chance de durée peut difficilement passer à côté de l'engagement socio-politique. Les groupes sociaux ne sont pas neutres ; les gouvernements non plus. La tâche évangélique implique donc un jugement socio-politique et la mise en œuvre des moyens d'action propres à amener un soulagement dans les conditions de vie de ceux auxquels on veut annoncer concrètement la bonne nouvelle.

A cet effet, il est important de noter que l'évangile voit toujours la pauvreté comme un mal et attend toujours du riche qu'il mette ses biens au service du pauvre. Or il y a toutes sortes de biens et de richesses : l'information, les contacts, le pouvoir de pressions, les connaissances tactiques, le savoir administratif, le pouvoir d'achat, etc. C'est du poids de toutes ces richesses que la communauté chrétienne doit peser en faveur des démunis. C'est du poids de ses votes que la communauté chrétienne devrait faire pression pour amener les changements sociaux et politiques voulus en faveur des petits. Ceci vaut à tous les paliers administratifs et même à l'échelle internationale. Présentement, on le sait, l'oppression est commandée à ce dernier niveau. On connaît la mobilité des multinationales, leur souplesse pour échapper aux taxes, se faire donner des subventions sous prétextes de créations d'emplois, leur capacité d'exploitation à outrance au profit des pays industrialisés ; on connaît les règles des jeux internationaux de pressions économiques, le chantage avec le levier des médicaments, de la nourriture, des matières premières. L'écart s'accentue entre les pays industrialisés et ceux qui luttent pour la survie. Dans ce domaine, comme dans les autres, la parole ne change rien : il ne suffit pas de prêcher, de promulguer les plus belles encycliques, de publier les plus magnifiques lettres épiscopales. Il faut y mettre le poids du geste. Et il est des choses que l'O.N.U. ne peut ou ne veut faire, que les pays pris individuellement ne peuvent ou ne veulent faire, mais que l'Eglise universelle pourrait faire. Qu'on pense au pouvoir d'action des centaines de millions de chrétiens répandus à travers le monde. C'est comme le poids de la Chine étalé sur la planète. Rien ne pourrait résister. C'est à faire rêver...

4. *Il nous faut constamment lever l'ambiguïté de notre action.*

Toute sa vie Jésus a été confronté à ce problème. Un geste humain peut être interprété de mille façons. Ainsi la parole de Jésus vise-t-elle à expliquer son geste. Il est bien certain qu'une Eglise qui s'emploierait à changer concrètement la situation du pauvre aurait besoin d'une parole explicatrice. Il est également

119

certain que l'action est dangereuse, que la fonction de l'Eglise n'est pas d'améliorer les conditions de vie, ou de transformer les régimes politiques, ou de bouleverser les sociétés, ou de pourchasser les multinationales. Il est certain que l'Eglise n'existe pas *pour* cela. Mais il est loin d'être sûr qu'elle puisse exercer sa tâche *sans* cela. Si Dieu appelle des humains à le révéler, ceux-ci ne peuvent le faire qu'à l'aide de gestes et de paroles. Le but, c'est la révélation ; le moyen, c'est le geste ; l'explication, c'est la parole. Le risque de l'ambiguïté ne doit pas devenir prétexte à l'inaction, mais appel d'une parole plus claire. D'ailleurs, il n'y a peut-être pas pire ambiguïté qu'une parole qu'aucun geste n'appuie.

La béatitude missionnaire peut être aujourd'hui comprise comme une interpellation à changer le présent de ceux que Dieu aime pour leur donner des raisons d'espérer. Il nous appartient de faire cette proclamation concrète de bonheur, *car Dieu n'aime pas les siens sans nous.* Cette béatitude, on l'a vu, est historiquement la première à avoir vu le jour. On a commencé par chercher à être fidèle à la mission reçue, pour bientôt se rendre compte que la tâche n'était pas facile et qu'elle amenait une multitude de problèmes. C'est dans ce contexte qu'est née la béatitude catéchétique. Il nous reste à voir maintenant ce que cette dernière a à nous dire.

Une EGLISE pour les pauvres

Les chrétiens des origines ont commencé par mettre en oeuvre les béatitudes, puis ils se sont rendu compte qu'ils avaient besoin de se catéchiser pour se rendre capables de continuer à le faire. Ils avaient à s'expliquer le pourquoi de leurs souffrances et se motiver à les endurer. Ils avaient à se faire consoler et encourager, exhorter et menacer. Les nécessités de l'oeuvre exigeaient qu'on perfectionne l'instrument. Dans la mesure où, pour notre part, nous nous attellerons à la tâche esquissée ci-haut, nous allons nous rendre compte que nous ne sommes pas encore équipés pour le faire et que la fidélité à la mission implique de travailler sur deux fronts à la fois : celui de l'agir et celui de la structuration en vue de cet agir.

1. *Nous avons une communauté ecclésiale à faire.*

Il existe certes maintenant une communauté de croyants, mais non une communauté d'action. Nous sommes un groupe d'individus qui agissent chacun de leur côté et cherchent à croire ensemble, et non un groupe de croyants qui agit. Entre ce que nous sommes et ne sommes pas encore, il y a le fossé qui sépare l'Eglise qui nous a vus naître de celle qui cherche à devenir. Jusqu'à maintenant, notre Eglise s'est faite de façon à se rendre capable d'accomplir sa tâche, suivant la conception qu'il lui fallait s'en faire. Cette Eglise n'est pas née tout d'un coup ; elle a évolué lentement, au gré des circonstances et de sa faculté d'adaptation. Elle n'a pas été donnée d'avance, toute faite. Sa configuration ne lui a pas été mystérieusement imposée d'En-haut. La seule chose qui soit donnée d'avance à l'Eglise, c'est sa tâche ; et non pas sa forme ou ses modalités d'action. De tout temps, le Dieu de la tradition judéo-chrétienne appelle des humains à son service, et non pas des robots à manipuler ou des ordinateurs à programmer. Il considère que les humains qu'il appelle sont assez intelligents, assez inventifs, assez imaginatifs pour développer un type de communauté apte à réaliser le but visé. Ce n'est pas son habitude de se prononcer sur tout ou rien, ni de décréter ce qu'il ferait à la place de ses serviteurs. Il les dynamise de l'intérieur, à eux de concrétiser ce dynamisme. Toute liberté est donc donnée à l'Eglise, pourvu qu'elle soit chrétiennement efficace.

2. *Nous avons une communauté ecclésiale à structurer.*

L'Eglise que nous connaissons s'est structurée de la meilleure façon possible, compte tenu de sa conception de la mission. La hiérarchie, le sacerdoce, l'organisation communautaire conviennent fort bien à une religion de salut à recevoir, d'engagement individuel, de neutralité officielle face aux affaires du monde, de culte institutionnalisé, de sacrements invisiblement efficaces et signifiants, etc. Ces structures étaient parfaitement adaptées au monde conceptuel qui les soutenait de l'intérieur. Aujourd'hui que ce monde est fissuré, la structure craque nécessairement de partout et, consciemment ou non, les chrétiens sentent le besoin de réagir. On le fait de diverses façons : on étaye la façade par des arcs-boutants, on quitte tout simplement cet édifice qui tombe en ruines, on tient conseil dans un sous-sol accueillant... Si on accepte de regarder notre mission en face, on voit bien que le passage d'une religion de salut à annoncer à la tâche d'une bonne nouvelle à annoncer implique nécessairement une restructuration complète de l'Eglise, à tous les niveaux. Il nous faut nous structurer pour l'action ; et il est illusoire de penser pouvoir dans l'état actuel des choses, mobiliser une paroisse, un diocèse, une Eglise nationale, l'Eglise. Une action commune se prépare de longue main et, si elle implique un grand nombre de personnes, elle suppose une multitude de petites cellules actives où se fait la vie, d'où partent les analyses de situation, où reviennent les mots d'ordre et où se réalise la mission. Ces petits groupes de tâche, inévitablement, ont à se structurer suivant leurs besoins, à développer les fonctions nécessaires à leur survie et à trouver des gens pour les remplir. Il faut quelqu'un pour diriger la prière, quelqu'un pour administrer, quelqu'un pour convoquer, quelqu'un pour penser l'action, quelqu'un qui connaît un peu d'Ecriture et de théologie, etc. C'est à partir de l'existence de ces groupes que peut se penser l'union de chacun d'entre eux avec les autres qui se partagent un même territoire en vue de coordonner l'action ; l'union des territoires entre eux au niveau d'un diocèse ; l'union des diocèses ; l'union de la grande Eglise. Les modalités concrètes d'une telle structuration ne peuvent pas se décider d'avance puisque c'est de la vie qu'elles doivent naître. Mais ce qu'on peut dire dès maintenant c'est qu'en gros un tel modèle convient à des hommes du vingtième siècle et qu'en cela il risque fort d'être celui que des hommes du vingtième siècle se doivent d'utiliser s'ils veulent remplir la mission qui leur est confiée en ce siècle précis. Mais que ce soit celui-là qui soit adopté ou tel autre n'est pas l'important. Ce qui compte, c'est qu'une réponse soit donnée à la question nouvelle, brutale, vertigineuse qui nous est posée par l'Esprit de Dieu à l'œuvre parmi nous : dans ce monde neuf, comment allez-vous vous organiser pour parler efficacement à ceux que Dieu aime ? Une telle question ne peut trouver sa réponse dans le passé. Mais la réponse se doit d'être trouvée, et avec la même faculté d'invention que le passé a trouvé les siennes.

3. Nous avons une communauté ecclésiale à motiver.

Il ne faut pas avoir beaucoup travaillé en paroisse pour se rendre compte que celle-ci n'est structurellement et théologiquement pas prête à se voir comme communauté d'action. C'est pourquoi l'effort de catéchisation ne doit pas seulement accompagner ou suivre l'entreprise missionnaire mais déjà la précéder. Il faut commencer dès maintenant à insister sur l'aspect missionnaire de la vie chrétienne et le fonder scripturairement et théologiquement. Il faut commencer dès maintenant à faire comprendre aux chrétiens qu'ils sont chargés de proclamer la bonne nouvelle. Que cette proclamation leur appartient de droit et en premier lieu. Et que les permanents d'Eglise, actuellement à leur tête, ne sont pas ceux à qui revient de prime abord le travail d'évangélisation ; bien au contraire, il faut montrer que les permanents d'Eglise sont au service de la communauté, en charge de la catéchèse ecclésiale. Ils sont chargés de motiver, d'encourager les troupes à agir.

Il faut aussi, dès maintenant, se préparer à faire face aux besoins de la catéchèse de demain. Ceux qui ont la moindre expérience de l'agir de groupe savent tout ce que cela suppose de renoncement, de partage, de rencontres, de tensions, de divisions, etc. Un minimum d'action commune suppose un maximum d'idéologie commune. Or, présentement, la foi est conçue comme une sorte de bien commun qui recouvre d'un manteau d'unité une inconcevable diversité de perceptions, d'intérêts, de visions de la société, de la politique, etc. Le geste à poser va servir de catalyseur à des explosions de divergences : on va se lancer des anathèmes, s'accuser de tirer l'évangile de son bord, se quitter avec fracas ; les familles seront divisées en vertu même des

·implications de la foi, etc. On ne saura plus comment prier ensemble. On sera tout à fait désorienté, ne comprenant plus où est la charité, comment une religion d'amour entraîne la division, comment l'annonce de la bonne nouvelle peut faire naître tant de haine, comment on peut retrouver ses amis contre soi ; on sera déconcerté de ne pouvoir lever l'ambiguïté des gestes humains, de se voir mal vu du grand monde ; on sera démuni face à l'impossibilité de se comprendre sur le sens de l'Ecriture et la signification de la suite de Jésus-Christ aujourd'hui ; on trouvera pénible la noirceur de l'incertitude, de la recherche à tâtons, de l'insécurité de la vie dans l'Esprit. Et on se retrouvera dans la situation des chrétiens de jadis qui avaient tellement besoin de se faire dire : Heureux êtes-vous quand ils vous haïront et vous expulseront et insulteront et proféreront un nom mauvais contre vous à cause du Fils de l'homme. Nous aurons alors besoin, en Eglise, de déployer toute la batterie de l'équipement chrétien ; ce qui signifie que tous les outils de la foi auront été redessinés, raffinés, repensés. Il nous faudra une théologie appropriée, une exégèse précise, une spiritualité où la prière n'est pas un succédané à l'action, une catéchèse d'exhortation, d'encourage- ment et de consolation, une sacramentaire qui convienne à une situation de lutte et motive à l'action, etc.

Il est clair qu'il nous faut préparer demain dès maintenant. Et il est également clair que, *si Dieu n'aime pas les siens sans nous*, de la même manière *il ne fait pas l'Eglise sans nous*. Il serait normal que, face à une telle tâche, le vertige nous prenne et que nous soyons portés à une attitude de refus. Pourtant, ce qui est remarquable et des plus significatifs, c'est que (au moins dans les limites de l'expérience du présent auteur) du moment qu'une telle vision de la foi est présentée à des chrétiens d'ici, les yeux se mettent à briller et les réactions sont de l'ordre suivant : où aller pour trouver une telle Eglise ? par où, avec qui commencer ? dépêchons-nous avant qu'il soit trop tard, etc. Il y a, chez nous, un incroyable dynamisme de fond qui est là, caché, non harnaché, à peine exprimé mais qui exige qu'on le fasse produire. On a soif de se regarder les uns les autres dans les yeux, et de reconnaître dans les yeux de l'autre un peu de son propre effroi à

124

la pensée que si on se tait, c'est Dieu qui devient silencieux ; si on s'esquive, c'est Dieu qui devient inactif. On a soif de retrouver dans le regard de l'autre son propre oui timide à une tâche trop lourde. On a soif de répondre au dernier désir de celui qui mourut en espérant que d'autres fassent comme lui en mémoire de lui. Heureux les pauvres. Heureux ceux qui ont faim et soif de justice.

Notes

1. Dans un ouvrage en collaboration paru récemment chez Fides dans la collection « Héritage et Projet », on étudie assez longuement le problème de l'ouverture aux païens dans l'Eglise primitive, sous le titre général « Le changement dans le Nouveau Testament ».

2. Voir, au sujet de la forme des béatitudes, CAZELLES, pp. 445-48 ; HAUCK-BERTRAM, pp. 362-70 ; KOCH, pp. 6-8.

3. KOCH, p. 29.

4. Voir à ce sujet DUPONT, II, pp. 13-278, dont on retrouvera l'une ou l'autre conclusion dans les lignes qui suivent.

5. Voir AUDET, L., « Le Royaume : centre de la prédication de Jésus », dans *Jésus ? De l'histoire à la foi*, Montréal, 1974, pp. 25-37 ; PERRIN, N., *The Kingdom of God in the Teaching of Jesus*, London, 1963 ; *Rediscovering the Teaching of Jesus*, New York 1967, pp. 54-108. Dans notre texte, nous avons préféré le terme « Règne » à « Royaume », parce que l'insistance doit porter sur l'activité de Dieu qui règne plutôt que sur le territoire ou ses sujets.

6. Voir LINNEMANN, E. « Hat Jesus Naherwartung gehabt ? », dans *Jésus aux origines de la christologie*, sous la direction de J. DUPONT, BETL 40, Gembloux, 1975, pp. 103-10.

7. Voir là-dessus : DUPONT, II, pp. 91-278 ; STRECKER, pp. 193ss. ; WREGE, H.-TH., *Die Überlieferungsgeschichte der Bergpredigt*, Tübingen, 1968, pp. 6-15.

8. DUPONT, III, p. 669.

9. Voir, à ce sujet, SCHULZ, S., Q : *Die Spruchquelle der Evangelisten*, Zürich, 1972, pp. 13-66 ; 76-84. Cet auteur cherche à retracer la couche la plus ancienne de la source Q, qu'il attribue à une Eglise judéo-palestinienne de langue araméenne. Il fait remonter à cette Eglise les textes suivants, qui sont donnés dans l'ordre de Luc : Mt 5,3.5.6. / Lc 6,20b-21 ; Mt 5,44-48 / Lc 6,27-28.32-36 ; Mt 5,39-42 / Lc 6,29-30 ; Mt 7,12 / Lc 6,31 ; Mt 7,1-5 / Lc 6,37-38.41-42 ; Mt 6,9-13 / Lc 11,1-4 ; Mt 7,7-11 / Lc 11,9-13 ; Mt 23,4.6-7.13.23.25.27.29-31 / Lc 11,39.42-44.46-48.52 ; Mt 10,28-31 / Lc 12,4-7 ; Mt 10,32-33 / Lc 12,8-9 ; Mt 6,25-33 / Lc 12,22-31 ; Mt 6,19-21 / Lc 12,33-34 ; Mt 5,18 / Lc 16,17 ; Mt 5,32 / Lc 16,18. Il attribue le reste des textes de la source Q à une Eglise judéo-hellénistique. Sans qu'on ait à être d'accord pour restreindre la couche la plus ancienne de la source Q aux textes qu'énumère l'auteur, il reste que ceux qu'il présente (parmi lesquels se trouve le texte des béatitudes) sont certainement très anciens et qu'on peut facilement donner son adhésion à sa thèse sur ce point. Pour un bon état de la recherche sur la source Q, voir DEVISCH, M., « Le document Q, source de Matthieu. Problématique actuelle », dans *L'évangile selon Matthieu : Rédaction et théologie*. Publié sous la direction de M. DIDIER, BETL 29, Gembloux, 1972, pp. 71-97 ; « La relation entre l'évangile de Marc et le document Q », dans *L'évangile selon Marc : Tradition et rédaction*, BETL 34, Gembloux, 1974, pp. 59-91.

10. La plupart des auteurs sont d'accord pour reconnaître que la troisième personne est primitive (on verra plus loin les raisons qu'avait Luc d'utiliser la seconde). La première béatitude ne pose pas de problème particulier : les mots « en esprit » et « des cieux » sont d'ordinaire attribués à Matthieu. En ce qui concerne la seconde, on considère d'habitude que les mots « et soif de justice » sont matthéens ; DUPONT, par contre, serait porté à laisser « et soif » dans la source (I, p. 223), de même que STRECKER, p. 197 ; voir la liste des auteurs qui ne sont pas de cet avis dans SCHULZ, p. 77. On ne voit pas pourquoi Luc aurait laissé tomber ce terme ; de plus, le mot « affamé » suffit à indiquer un état général de privations. La béatitude qui fait le plus problème est la troisième. Les auteurs sont divisés à savoir s'il faut préférer la version matthéenne ou lucanienne : cette dernière est préférée par SCHULZ, pp. 77-78 ; SCHÜRMANN, H., *Das Lukasevangelium* I, Freiburg, 1969, p. 332 ; la première par BOISMARD, p. 128 ; STRECKER, pp. 195-96 ; DUPONT, I, pp. 226-71. La principale raison apportée en faveur de la version matthéenne est la saveur hellénistique du vocabulaire de la version de Luc. Enfin, le dernier problème qui se pose — il a moins d'importance pour notre propos — concerne l'ordre des deux dernières béatitudes. On a préféré l'ordre de Luc avec SCHULZ. p. 76 ; SCHÜRMANN, p. 330 ; DUPONT, I, p. 271-72, est d'un autre avis.

11. Voir là-dessus BOISMARD, pp. 128-29 ; DUPONT, II, pp. 281-84 ; SCHULZ, pp. 454-57 ; SCHÜRMANN, pp. 334-35 ; STRECKER, pp. 202-05.

12. Sur ce problème, voir l'excellent article de ROCHAIS, G., « Jésus et le Fils de l'homme », dans *Jésus ? de l'histoire à la foi*, Montréal, 1974, pp. 83-122.

13. Il n'importe pas de préciser ici le sens exact de ces souffrances. Pour STRECKER, pp. 202-03, il s'agit de haine, d'excommunication, d'outrages prononcés dans un contexte d'exclusion et d'exclusion comme telle (alors que d'autres pensent plutôt à une sorte de malédiction ou au fait de biffer le nom de la liste synagogale). DUPONT, II, pp. 285-94, pour sa part, pense plutôt à des manifestations de haine, à une sorte d'exclusion non proprement juridique (cesser tout rapport avec les impies), à des railleries méprisantes et des propos malveillants. Compte tenu du fait que les excommunications proprement dites semblent avoir eu lieu beaucoup plus tard que la naissance de la quatrième béatitude, nous penchons vers l'interprétation de DUPONT.

14. Dans sa version finale, la source Q était, selon toute vraisemblance, un texte écrit ; et il s'agit d'un texte rédigé en langue grecque (voir le traitement classique de cette question dans FEINE, P., BEHM, J., KÜMMEL, W.G., *Introduction to the New Testament*, New York 1966, pp. 50-58). Ce document origine d'une Eglise juive de langue grecque, ce qui ne signifie pas que toutes les traditions qu'il utilise soient des créations de cette Eglise, au contraire ; on a déjà mentionné d'ailleurs (n. 9) que cette source contient quelques-unes des plus vieilles traditions synoptiques. Mais celles-ci sont utilisées conformément au dessein d'ensemble de l'ouvrage et, de ce fait, elles appartiennent d'emblée à la rédaction finale, de sorte qu'on en retrouvera quelques-unes dans le choix des textes qui suit.
On trouvera profit à lire les passages auxquels on se réfère en gardant à l'esprit le contexte des difficultés ecclésiales qu'on a cherché à cerner. Amour des petits — les textes suivent l'ordre de Luc ; on pourra consulter les parallèles matthéens — (14,15-24 ; 15,4-7) ; amour des ennemis qu'on s'est faits (6,25-28.31) ; souffrances endurées à la suite des rejets, refus, etc. (6,40 ; 10,2-12.16 ; 11,49-51 ; 12,4-7.8-9.10.11-12.51-53 ; 13,23-24 ; 14,26.27 ; 17,33) ; dénuement chrétien (12,22-31.33-34 ; 16,13) ; tentation de refuser la tâche ou d'en faire le moins possible (6,46.47-49 ; 19,12-27) ; divisions internes, tentation de juger les autres (6,37-38.41-42).

15. Les béatitudes paraissent avoir été le troisième texte de la source Q. Le premier portait sur la prédication de Jean-Baptiste (3,7-9.15-18), le second était la tentation de Jésus (4,1-13); Luc les a situés à l'endroit approprié offert par le cadre de l'évangile de Marc. Ensuite, il a suivi assez fidèlement le déroulement des événements tel que conçu par Marc, jusqu'à ce qu'il arrive à la description des foules à la suite de Jésus et l'appel des douze. Là, il coupe le récit marcien (il y reviendra au chapitre huitième) et place une bonne série de textes tirés de la source Q, en y ajoutant quelques autres venant de traditions connues de lui seul. Le premier texte qu'il utilise (vraisemblablement le troisième dans la source Q) est celui des béatitudes, qui servent donc d'introduction au discours inaugural de Jésus. Comme Marc n'avait pas de discours de Jésus à cet endroit (tout en offrant l'auditoire) et que les paroles de la source Q se suivent généralement les unes les autres, sans aucune situation dans le temps ni l'espace, Luc se devait de composer une introduction à ce discours, c'est ce qu'il fit au verset 6,20a. Le verbe grec traduit par «lever», n'est jamais utilisé par Marc, et seulement une fois par Matthieu, qui modifie alors le texte de Marc (Mt 17,8). Il ne revient donc jamais dans la source Q; par contre, Luc l'utilise 6 fois dans l'évangile (6,20; 11,27; 16,23; 18,13; 21,28; 24,50) et 5 fois dans les Actes. Dans le cours de l'évangile de Luc, le verbe (ainsi que l'expression complète «lever les yeux») ne se retrouve que dans les textes propres aux traditions connues de Luc seul ou sous la plume de l'évangéliste. En 6,20, l'emploi de «lever les yeux» est donc très vraisemblablement rédactionnel; quant aux termes «disciples» et «il disait», ils reviennent très fréquemment dans les évangiles, tant dans des textes traditionnels que rédactionnels. Il est donc permis d'affirmer que 6,20a est une composition de l'évangéliste.

16. Les modifications à forte teneur stylistique ne se retrouvent que dans la quatrième béatitude.

«Les hommes»: BOISMARD, p. 128: DUPONT, I, pp. 242; 248; KOCH, p.43; SCHULZ, p. 452. Luc n'aime pas le pluriel impersonnel; et on ne voit pas pourquoi Matthieu aurait purement et simplement supprimé l'expression.

«Chasseront *votre* nom *comme* mauvais»: BOISMARD, p. 128, se base sur Luc 6,26 et Mt 5,11 pour dire que la source Q avait l'expression «dire du mal de vous»; Luc aurait accompli les modifications en référence à «la proscription du nom de chrétien», suite aux persécutions; SCHULZ, p. 453, est d'accord; SCHÜRMANN, p. 333, pense que Luc est primitif, car comment expliquer qu'il ait tellement compliqué la formule si simple de Mt; que Mt ait simplifié est plus vraisemblable; STRECKER, p. 202, semble considérer que «comme» vient de Luc; KOCH, p. 43, pense que l'expression sémitique «jeter un nom mauvais» contre vous, est devenue «rejeter votre nom comme mauvais»; DUPONT, I, pp. 235-36, développe l'opinion représentée par les trois derniers auteurs. C'est celle qu'on a retenue (la traduction offerte pour Luc et Q n'a pas le même verbe, cependant).

«Exultez»: BOISMARD, p. 128, est d'avis que le verbe est de Luc, puisque dans tout le NT on ne le retrouve qu'ici et en Luc 1,41.44; SCHULZ, pp. 453-54, attribue à Luc la mise à l'aoriste des deux verbes de 23a et motive le changement de verbe par le désir de Luc d'indiquer la présence ici d'une joie eschatologique; DUPONT, I, met aussi ce verbe au compte de Luc.

«Voici, en effet, que»: BOISMARD, p. 128, attribue ces mots à Luc, car on ne les retrouve ni en Mt ni en Mc; même opinion de la part de DUPONT, I, p. 244; SCHULZ, p. 454.

«Le ciel» (sing.): SCHULZ, p. 454, se contente d'affirmer d'autorité que Luc est primitif; par contre, BOISMARD, p. 128 et DUPONT, I, p. 244, soutiennent qu'en grec le mot s'emploie au singulier, mais qu'en hébreu (araméen), c'est le pluriel qui est utilisé ; Mt est donc plus primitif.

« De la même manière » : BOISMARD, p. 128 ; DUPONT, I, p. 244 ; SCHULZ, p. 454 ; SCHÜRMANN, p. 335. L'expression ne revient que chez Luc : 6,26 ; 17,30 ; cf. Ac 14,1.

« Leurs pères agissaient » : L'expression « leurs pères » est utilisée par Luc ailleurs ; elle est donc de lui ici : BOISMARD, p. 128 ; SCHULZ, p. 454 (Luc évite un sujet impersonnel) ; SCHÜRMANN, p. 335 ; DUPONT, I, pp. 246-49 (qui offre plusieurs raisons, dont la transformation de l'expression « ceux d'avant vous » en « vos pères », pour en faire un sujet et peut-être à la suite d'une réticence à considérer les chrétiens comme des prophètes). L'emploi de l'imparfait pourrait être une amélioration de la part de Luc.

17.   Les principales modifications de contenu se trouvent dans les trois premières béatitudes.

« Vôtre », « vous » : SCHÜRMANN, pp. 329-30, hésite à se prononcer ; STRECKER, p. 187 ; WREGE, p. 8, pensent que l'emploi de la seconde personne n'est pas de Luc lui-même, mais remonte à une tradition antérieure ; par contre, BOISMARD, p. 128 ; KOCH, p. 40 ; SCHULZ, p. 77, sont d'avis qu'il s'agit d'un changement rédactionnel, car cette forme n'est pas coutumière et Luc aurait voulu assimiler les trois premières béatitudes à la quatrième qui, elle, était formulée à la seconde personne dans sa source. DUPONT, I, pp. 272-298, en plus de ces raisons, ajoute que Luc est le seul évangéliste à utiliser l'adjectif possessif « vôtre », qu'il affectionne particulièrement l'usage de la seconde personne et (pp. 281-82) qu'il y a une anomalie à utiliser la seconde personne dans la deuxième partie de la béatitude, alors que rien ne l'annonce dans la première ; de plus, « en araméen, le suffixe s'impose » ; on ne dit pas simplement « heureux », mais « heureux eux » ou « heureux vous » ; si la seconde personne avait existé en araméen, elle aurait été naturellement traduite dans la première partie de la béatitude. Il est donc raisonnable de conclure que c'est Luc lui-même qui a modifié sa source, sans qu'il soit exclus qu'il ait eu des raisons traditionnelles d'agir ainsi (cf. n. m).

« Maintenant » : WREGE, p. 8, y voit un élément pré-lucanien, qui vise à appliquer la béatitude au temps présent. Les auteurs suivants y voient un ajout rédactionnel : BOISMARD, p. 128 ; KOCH, p. 62 (ajout qui se réfère au temps de l'Eglise) ; SCHÜRMANN, p. 330 ; SCHULZ, p. 77 (pourquoi Mt l'aurait-il supprimé ? De plus, il s'agit d'un adverbe très utilisé par Luc : 39 fois dans Lc-Ac) ; DUPONT, I, p. 266 (adverbe très aimé de Luc ; introduit ici une distinction entre le présent et le temps du salut qui s'harmonise mal avec la signification primitive des béatitudes).

« En ce jour-là » : Fidèle à lui-même, WREGE, pp. 23-24, y voit un élément prélucanien ; tous les autres auteurs sont d'accord pour voir un lien avec le « maintenant » du v. 21 ; lui attribuent une origine rédactionnelle KOCH, p. 43 ; SCHULZ, pp. 453-54 ; SCHÜRMANN, p. 334 (le changement de l'impératif présent en impératif aoriste des verbes de la principale est dû à cette insertion qui situe l'action à un moment précis du temps) ; DUPONT, III, pp. 101-02.

« Pleurer-rire » : Les avis sont très partagés sur la rédaction de cette béatitude. Par exemple, SCHULZ, pp. 77-78, est d'avis que Luc est primitif par rapport au couple « affliger — consoler » de Mt : Luc n'a pas de préférence pour « pleurer » tandis que Mt emploie « affliger » rédactionnellement en 9,15 ; Luc n'a pas de préférence pour « rire » et utilise fréquemment « consoler » en Actes ; il n'aurait donc pas changé ce verbe pour « rire ». Mt a été influencé par Is 61,2. Pour sa part, SCHÜRMANN, pp.

331-32, est lui aussi d'avis que Luc est primitif; Matthieu a été influencé par Is 61,2 ainsi que par les emplois de «affliger-consolation» en Lc 6,24-25. Par contre, BOISMARD, p. 128, attribue à Luc (ou au proto-Lc) le couple «pleurer-rire»: Luc emploie souvent le verbe «pleurer» tandis que «rire» a une saveur péjorative dans la bible, mais un sens positif en grec. STRECKER, pp. 195-96, est d'avis que Luc 6,21b a une teneur d'origine rédactionnelle et que la version de Mt est antérieure: il y a une allitération en Mt; l'allusion à Isaïe offre le même arrière-plan scripturaire que dans le cas de la béatitude sur les pauvres; le verbe «affliger» est présent dans la malédiction de Luc 6,25 qui correspond à la présente béatitude. Il est fort possible, cependant, que Luc ait eu accès à la source Q par l'intermédiaire d'une version modifiée, de sorte que tous les changements ne seraient pas rédactionnels. Enfin, DUPONT, I, pp. 226-71, attribue le couple «pleurer-rire» directement à l'activité rédactionnelle de Luc: la présence de «affliger» en Lc 6,25b ne s'explique que si la version matthéenne de la béatitude est primitive; il en va de même pour la présence de «consolation» en 6,24; «rire» sonne mal en hébreu mais est positif en grec; Luc emploie souvent le verbe «pleurer». Il est donc possible de lui attribuer l'emploi de «pleurer-rire» dans la troisième béatitude.

La certitude est peu possible dans ce cas; on voit que les mêmes arguments sont utilisés dans un sens ou l'autre. Ce qui apparaît le plus déterminant, c'est l'unité conceptuelle qu'offre le recours à Isaïe et l'origine grecque qu'il faut attribuer au mot «rire» pour qu'il ait un sens positif. Tout compte fait, Matthieu semble offrir la version la plus primitive.

18. Un simple coup d'œil sur les emplois de ces termes par Luc suffit pour convaincre qu'ils sont à prendre au sens strict. «Pauvres»: 4,18; 6,20; 7,22; 14,13.21; 16,20.22; 18,22; 19,8; 21,3; «avoir faim»: 1,53; 4,2; 16,3.21.25; «pleurer»: 6,21.25: 7,13.32.38; 8,52; 19,41; 22,62; 23,28.

19. Voir DUPONT, III, pp. 81-82.

20. A la fin d'une première étude des «riches» dans l'évangile de Luc, DUPONT, II, p. 64, conclut que «le rôle des riches est tenu par les dirigeants d'Israël dans leur refus de l'évangile».

21. Tout comme Luc a fait de son côté (cf. note 15), Matthieu a situé les deux premiers textes de la source Q à l'endroit correspondant dans le cadre de l'évangile de Marc (Mt 3,7-12; 4,1-11). Ensuite, il rapporte un résumé de la prédication de Jésus et l'appel des quatre premiers disciples, fidèle en cela au plan de Marc. Puis il va son propre chemin. Il commence d'abord par offrir un résumé de l'activité de Jésus, en le montrant en train d'enseigner et de guérir, résumé qu'il reprendra d'ailleurs en 9,35-36. Et entre ces deux résumés, il insère deux grands blocs de matériaux, lesquels, conformément au contenu des deux résumés, présentent l'un l'enseignement de Jésus (ch. 5-7), l'autre ses guérisons (ch. 8-9). Et, tout comme Luc avait fait, il ouvre le discours de Jésus en se servant du troisième texte de la source Q, soit les béatitudes, et il lui compose une introduction (5,1-2); par ailleurs, à la fin de ce discours, il compose une conclusion qui reprend les principaux éléments de l'introduction (7,28 et 8,1, qui amène le cycle des guérisons).

«Or voyant les foules»: Mt utilise une expression semblable en 8,18, comme introduction à une autre parole de la source Q; Luc, pour sa part, crée un autre contexte (9,57). En 9,36, Mt se base sur Mc 6,34 mais modifie le texte pour obtenir la même formulation qu'en 5,1. Mt est d'ailleurs le seul des synoptiques à employer cette expression. Voir également comment, en 9,23, il modifie Mc 5,38. Matthieu rappelle donc ici, de façon qui lui est propre, la présence des foules qu'il venait de mentionner en 4,25.

« Il monta dans la montagne » : Mt se sert ici de l'expression de Mc 3,13 ; en 10,1, il situera l'appel des douze dans un autre contexte que Mc ; ce dernier ne juge pas nécessaire de dire explicitement que Jésus descendit de la montagne (3,20), mais Mt le fait (8,1). Il utilise la même expression en 14,23, modifiant Mc 6,46 ; il fait de même en 15,29, alors que cette fois Mc n'a pas cette mention (7,31). On a donc ici une reprise par Mt d'une indication traditionnelle.

« Quand il se fut assis » : Mt est le seul à employer ce verbe à propos du Fils de l'homme (19,28 ; 25,31) et des scribes assis sur la chaire de Moïse (23,2). Il n'est donc pas surprenant qu'il l'utilise dans le présent contexte, où il veut montrer que Jésus est le nouveau Moïse qui proclame la «nouvelle Loi» de Dieu (paroles et gestes).' Comparer l'ensemble conceptuel foules-assis-enseignement en Mc 4,1-2 ; Lc 5,1-3 ; cf. Mt 15,29-30 (autre verbe). Encore ici Mt reprend un terme traditionnel.

« Ses disciples vinrent à lui » : Mt utilise ici un de ses verbes préférés (53 fois chez lui, 6 chez Marc, 11 chez Luc).

« Ouvrant sa bouche » : Sous une forme ou l'autre, l'expression revient une fois chez Luc (1,64) mais trois fois chez Mt (5,2 ; 13,35 ; 17,27). Ce dernier peut l'avoir utilisée ici sous l'influence de la citation du Ps 78,2 (Mt 13,35) qui ne revient que chez lui. On peut donc être raisonnablement certain que c'est l'évangéliste qui a composé l'ensemble des versets 5,1-2, à partir de termes dont la plupart sont des plus traditionnels (foules, montagne, assis, disciples, aller, enseigner).

22. La première modification à étudier concerne l'ordre des deuxième et troisième béatitudes. BOISMARD, p. 128, attribue au «proto-Lc» cette inversion qui aurait eu pour bût de rapprocher «pauvres» et «affamés» (cf. Ps 107,9) ; DUPONT, I, pp. 271-72, considère que cette inversion est de Luc lui-même, qui établit un lien étroit entre pauvreté et manque de nourriture. Par contre, SCHULZ, p. 76, rend Mt responsable de l'inversion ; ce dernier aurait voulu faire suivre deux béatitudes portant sur les situations de besoin de six autres traitant de vertus chrétiennes (à noter ici que certains manuscrits font suivre la première béatitude de Mt de celle qui traite des «doux», tandis que d'autres attribuent la seconde place à la béatitude des «affligés» ; on a adopté l'ordre de cette dernière tradition manuscrite) ; SCHÜR-MANN, p. 330,pense que Mt a inversé l'ordre des deuxième et troisième béatitudes sous l'influence d'Is 61,1-3.6-7). Dans la reconstitution, on a attribué l'inversion à Matthieu, mais la question n'est pas tranchée. Matthieu a aussi fait les modifications suivantes :

« En esprit » : A part Wrege qui, de façon consistante, attribue les particularités des versions de Mt et Lc à des traditions différentes, l'origine rédactionnelle de ces mots est reconnue par BOISMARD, p. 128 ; SCHULZ, p. 77 (l'ajout est plus facile à expliquer que la suppression ; il est dans la ligne des béatitudes propres à Mt) ; SCHÜRMANN, pp. 328 ; 336 ; STRECKER, p. 194 ; DUPONT, I, pp. 210-17.

« Des cieux » : Pour DUPONT, I, pp. 209-10, la question de l'usage primitif de « Règne des cieux » ou «de Dieu» reste ouverte ; cf. WREGE, p. 6 ; SCHULZ, p. 77 est d'avis que l'expression est spécifiquement matthéenne (32 fois) et secondaire par rapport à l'usage de Lc ; cf. STRECKER, p. 193. La question ne se règle pas facilement ; par exemple, il serait concevable que Jésus ait parlé de Règne «des cieux», que la source Q (version grecque) ait préféré parler de Règne «de Dieu» et que le rédacteur matthéen soit retourné, pour une raison ou l'autre, à l'usage primitif. Mais comme l'expression « Règne des cieux » ne revient que chez Mt, on a préféré y voir un effet de la rédaction matthéenne.

« Et soif de la justice » : Les auteurs suivants considèrent toute l'expression comme rédactionnelle : BOISMARD, p. 128 (la justice est un thème proprement matthéen ; « le thème de la « soif » fut ajouté par Mt peut-être parce qu'il a une résonnance spirituelle plus nette que celui de la faim ») ; SCHULZ, p. 77 (le concept de « justice » est conforme à la tendance moralisante de Mt ; ce dernier l'utilise 6 fois, dont 5 rédactionnellement ; l'ajout de « soif » se comprend en relation avec celui de « justice ») ; SCHÜRMANN, p. 331 ; 336 (Matthieu spiritualise). De leur côté, les deux auteurs suivants ne feraient remonter que la mention de la justice à Mt : DUPONT, I, pp. 218-23 (en parlant ici de justice, Mt annonce un thème important du discours qui suit ; on ne voit pas pourquoi Luc aurait éliminé le mot « justice » ; la notion de « justice » et celle de « Règne de Dieu » ne vont pas bien ensemble ; par contre, « faim et soif » sont traditionnellement unis dans le langage biblique, en particulier « dans le thème prophétique auquel la béatitude paraît se rattacher » ; il n'y a donc pas lieu d'écarter sans plus la mention des assoiffés) ; STRECKER, pp. 197-98. Dans la reconstitution on a laissé de côté la soif, attribuant l'ajout à Mt. Aucun argument ne semble décisif. Mais la faim est proprement une souffrance de pauvre ; la soif apparaît plus circonstantielle ; par exemple, elle est traditionnellement liée au thème du désert. Il est donc possible qu'au temps de Jésus et de la formulation orale de la tradition qui a donné naissance à la source Q, on n'ait parlé que de la faim. Matthieu, de son côté, a moins en vue la pauvreté concrète (et son cortège de misères) et peut donc employer le couple « faim-soif » en référence à son concept de « justice ».

« Persécuteront-persécuté » : Sauf quelques exceptions, par exemple, BOISMARD, p. 128 ; et WREGE, pp. 22;24, qui font remonter ces mots à une tradition pré-matthéenne, les auteurs attribuent généralement ces changements à Matthieu lui-même : DUPONT, I, pp. 229-32 (Matthieu omet parfois le verbe « haïr » qu'on retrouve dans la version de Luc ; il remplace ici « haine » et « expulsion » par le terme plus large de « persécution » ; il aime remplacer les énumérations par des concepts plus compréhensifs) ; KOCH, p. 43 ; SCHULZ, pp. 452-54 (se réfère au v. 10 qui est entièrement rédactionnel) ; SCHÜRMANN, pp. 333 ; 335 (modification davantage conforme à une situation plus tardive) ; STRECKER, pp. 203 ; 205.

« Diront tout (mal) » : « Tout » est tenu pour rédactionnel par SCHULZ, p. 453 ; STRECKER, p. 203 (« tendance matthéenne à la généralisation »). Par ailleurs, DUPONT, I, pp. 232-36, fait remonter à Mt l'ensemble de l'expression : ce dernier a trouvé dans cette formule un équivalent au texte difficile de la source Q.

« En mentant » : L'expression est d'ordinaire considérée comme rédactionnelle : BOISMARD, p. 128 ; DUPONT, I, pp. 236-38 (ajout qui correspond à « l'esprit précautionneux de l'évangéliste » : cf. 26,59, par rapport à Mc 14,55) ; KOCH, p. 43 ; SCHULZ, p. 453 ; STRECKER, p. 203. WREGE, p. 21, est prêt à y voir une interpolation post-matthéenne.

« (A cause de) moi » : On reconnaît généralement que « moi » a remplacé « Fils de l'homme » : DUPONT, I, pp. 238-43 (conforme à une tendance matthéenne : cf. Mt 10,32 et par. ; 16,21 et par.) ; KOCH, p. 43 ; SCHULZ, p. 453 ; SCHÜRMANN, p. 334 ; STRECKER, p. 203.

23. Les huit premières béatitudes semblent divisées en deux groupes de quatre, chaque groupe étant terminé par une béatitude portant sur le thème de la justice. La neuvième fait office de transition : elle est liée aux béatitudes précédentes par la forme et le contenu (forme : « heureux » ; contenu : persécution), et elle joue le même rôle par rapport à ce qui suit (forme : « êtes-vous » (v. 11), « vous êtes » (v. 13), « vous

êtes » (v. 14); contenu: bonnes œuvres calomniées (v. 11), bonnes œuvres reconnues (v. 16)). Voir DUPONT, III, pp. 314-29.

24. Voir, plus haut, la note 21.

25. DUPONT, III, p. 465; cf. pp. 469-70 et, sur l'ensemble de la question, pp. 385-471; BOISMARD, p. 130 (attitude devant Dieu faite d'humilité); STRECKER, pp. 194-95 (les « humbles, qui se font petits »; s'oppose à « une haute estime de soi-même »); WREGE, p. 7; 11 (il ne s'agit pas de pauvreté matérielle volontairement acceptée mais d'une façon dont les gens pieux se désignaient eux-mêmes).

26. Voir STRECKER, pp. 194-95 (« sens spiritualisant… moralisant »; les destinataires « sont invités à quelque chose qu'ils ne possèdent pas encore: à réaliser l'exigence de l'humilité. »).

27. Voir STRECKER, pp. 195-96; DUPONT, III, pp. 545-55, en particulier p. 546.

28. STRECKER, p. 196.

29. DUPONT, III, p. 554.

30. Voir DUPONT, III, pp. 542-44; sur l'ensemble de la béatitude, STRECKER, pp. 196-97; DUPONT, III, pp. 473-545; BOISMARD, p. 127 (authenticité douteuse); WREGE, pp. 24-25.

31. Voir BOISMARD, p. 130; STRECKER, p. 198; WREGE, p. 18; mais surtout DUPONT, III, pp. 211-305.

32. Dans l'ordre, WREGE, p. 18; BOISMARD, p. 130; STRECKER, p. 198; DUPONT, III, p. 304.

33. Avec l'insertion du thème de la justice, la promesse du rassasiement ne correspond plus aussi exactement à la faim qu'elle le faisait jusqu'ici. Matthieu ne précise pas de quoi les chrétiens seront rassasiés; son intérêt est ailleurs et il laisse donc la finale inchangée. Voir là-dessus DUPONT, III, pp. 378-80. Sur l'ensemble de la béatitude: DUPONT, III, pp. 355-84; STRECKER, pp. 197-99; 206; WREGE, pp. 18-19.

34. Voir DUPONT, III, pp. 604-33; STRECKER, p. 199; WREGE, p. 25.

35. Voir DUPONT, III, pp. 557-603; STRECKER, pp. 199-200; WREGE, p. 26.

36. Voir DUPONT, III, pp. 633-64; STRECKER, p. 200; WREGE, p. 26.

37. Voir DUPONT, III, pp. 341-55; STRECKER, pp. 200-01; WREGE, pp. 26-27.

38. Voir DUPONT, III, pp. 329-40; STRECKER, pp. 203-05; WREGE, pp. 20-24.

Table des matières

Imprimerie des Éditions Paulines, 250 n., b. St-François, Sherbrooke, Qué., J1E 2B9

IMPRIMÉ AU CANADA

R0162244 9